渡部昇一

日本人にしか見えない虹を見る

渡部昇一の少年日本史

致知出版社

渡部昇一の少年日本史＊目次

第二章　遠い祖先たちが生きていた古代日本の姿【古代】

第五章　新しい日本の創生と欧米列強の圧力【近代】

第六章　日本の底力を見せた戦後の復興【現代】

《コラム》

装　幀——川上成夫＋川﨑稔子
装　画——いとう瞳
編集協力——柏木孝之

序章

日本人にしか見えない虹を見る

【歴史の見方】

◉膨大な歴史的事実の中で、ある国の国民の目に映るものを「国史」という

少年少女諸君！　今日はこれから皆さんに日本の歴史についてお話ししていきます。歴史というと、皆さんは学校の授業で習っているでしょう。しかし、これから私がお話しするのは、皆さんが授業で習っている内容とはちょっと異なると思います。私は今までいろいろな歴史についての本を書いてきましたが、今日は今までに類のない「歴史歴史というけれど、歴史とはいったいなんだろう？」というところから考えてみたいと思うのです。

皆さんは歴史とはどういうものだと考えているでしょうか？　歴史というと年表を思い浮かべる人もいるかもしれませんが、年表に書かれている事件が歴史なのでしょうか？　歴史が実際に起こった事件からできているのはその通りなのですが、年表に書かれているのは、「確かに起こりました」と確認されている出来事なのです。これを歴史的事件とか歴史的事実（史実）と呼びます。

ここで大切なのは、歴史的事件や歴史的事実をすべて積み上げてみても歴史にはならないということなのです。わかりやすい例をあげてみましょう。皆さんは毎日、新聞やイン

ターネットでさまざまな情報に触れていると思います。それらにはさまざまな事件が起こったことが報道されていますが、そんな情報の一つひとつを集めて一年、五年、十年と積み上げていけば、それは歴史になるでしょうか？　実はそう簡単にはいかないのです。歴史的事実をどれだけ積み上げたところで、それは歴史とは言いません。

では、歴史とはなんだろう？　イギリスのバーフィールドという学者は歴史を「虹」にたとえて説明しています。雨が降った後の空には無数の細かい水滴が残っています。この細かい水滴の一つひとつが歴史的事実なのだとバーフィールドは言います。毎日の新聞に記録されているような事件ですね。でも、この水滴をいくら集めても虹にはなりません。

ところが、この水滴の集まりをある角度から、ある距離をとって眺《なが》めると、はっきりとした七色の虹となって見えてきます。虹というのは不思議なものです。もっと近くに行ってよく見たいと思って近づきすぎると消えてしまいます。逆に、遠くに離れすぎても見えなくなります。今見えているのとは違う場所から見ようとしても、見る角度が合わなければ見えません。美しい虹を見るためには、適当な角度と距離が必要なのです。

さて、歴史は虹のようなものだと言った意味がおわかりでしょうか？　水滴をいくら集めても虹にはならないように、歴史上の事実や事件をたくさん集めても、それは歴史にはならないのです。歴史というのは、水滴のように限りなくある歴史上の事実や事件を適当な角度と距離をとって眺めることによって浮かび上がってくるものなのです。

ある角度というのは、たとえば日本という場所を考えるといいでしょう。日本の国に住む国民の目にだけ見える歴史があるのです。距離というのは一定の時間と考えてみてもいいでしょう。そのときにはわからなくても、時間が経つとはっきり見えてくる歴史の真実というものがあるのです。

つまり、この虹というのは、無限の歴史的な事実や事件の中から、ある国の国民の目にだけ七色に輝いて見えてくるものなのです。そういう歴史を「国史《こくし》」（＝国民の歴史）と呼びます。そして、そのような歴史の虹を見るためには正しい歴史観を持つことが大切です。

ところが、最近の歴史研究は、しばしば水滴だけの研究をいう傾向があります。もちろん水滴とはいっても歴史的事実を一つひとつ研究することは尊いものですし、尊重すべきです。しかし、それだけでは決して虹にはならないということを、まず頭の中に入れておくことにしましょう。これが歴史を考えるうえで覚えておいてほしい第一の点です。

◉歴史の史料には文献（リテラトゥール）と遺跡（レアリエン）の二種類がある

第二の点は、歴史の史料というものをどう考えるかということです。歴史の史料には二種類あります。一つはドイツ語でいう「リテラトゥール」。英語では「リテラチャー」、日本語では「文献」です。もう一つは「レアリエン」。英語では「リアル・シングス」、日本語では「本当のこと、実物」ですが、これは歴史的建造物や歴史的事件のあった跡が残されている場所、つまり「遺跡」のことを言います。歴史的な史料にはこの二種類があってそれぞれに重要なのですが、その内容はかなり違ったものであるということを知らなければなりません。

その違いをはっきりさせるために、夏目漱石《そうせき》の家に入った泥棒の話をしたいと思います。あるとき夏目漱石の家に泥棒が入りました。当時の泥棒には、捕まらないためのおまじないがありました。いささか尾籠《びろう》な話ですが、泥棒をした家を出るときにうんちをすると捕まらないというのです。そういうわけで漱石の家の庭に泥棒のうんちが残されていました。

これを見た警察はどうするでしょうか。専門家がうんちを分析すれば、泥棒が何を食べているかがわかるでしょう。そこから泥棒の生活レベルが推測できるかもしれません。また、庭に残されていた靴の跡を見れば、その人間の体の大きさがわかります。靴跡の深さからは体重も推定することができるでしょう。これらが歴史で言うと遺跡にあたります。

ところが、もしこの泥棒が逃げるときに懐《ふところ》に入れていた手帳や日記帳を落としていったとするとどうでしょうか。それを見れば泥棒の知的レベルや思考回路などが明らかになるに違いありません。これが歴史の文献にあたるものです。

この二つを重ね合わせて考えることによって、犯人像がより明らかになってきます。歴史研究も同じです。遺跡（レアリエン）と文献（リテラトゥール）の二つを調べていくことによって、目にしたことのない古い時代の様子が浮かび上がってくるのです。これが歴史の醍醐味《だいごみ》と言っていいでしょう。

◉卑弥呼や邪馬台国が出てくる『魏志倭人伝』のニュースソースは噂話？

日本は文献（リテラトゥール）が豊富に残っている国です。『古事記』や『日本書紀』は西洋近代国家にも類がないくらい古い時代のものです。

『古事記』を文献として見ると、皆さんもご存じの出雲大社《いずもたいしゃ》について「底《そこ》つ石根《いわね》に宮柱《みやばしら》ふとしり、高天《たかま》の原に氷椽《ひぎ》たかしり」と書いてあります。『古事記』は和銅《わどう》五（七一二）

年に完成したとされていますが、その中に出雲の国に大神殿があるという神代《じんだい》すなわち神話の時代の話が書かれているのです。今から見ると途方《とほう》もない大昔の人たちにとっても、出雲大社は神話の時代に建てられたものだという話が伝わっていたわけですね。

また、『古事記』に書かれた出雲大社は今も残っています。出雲大社はどんなに少なく見積もっても三千年は経過しているレアリエン（遺跡）です。そんな古い時代の歴史的建造物が残っているのです。このように文献も遺跡も残っているというのは、まさに完璧な歴史的史料と言えるでしょう。

ところが日本の特殊事情として、戦後、日本の歴史界をマルクス主義の唯物《ゆいぶつ》主義者が牛耳《ぎゅうじ》りました。唯物主義者は観念や精神よりも物質を重視しますから、文献を重んじずに遺跡に高い価値をおきました。また彼らは天皇制を否定していますから、古代の歴史は特に天皇家のものという感じが強かったために、『古事記』や『日本書紀』の記述を適切に認めませんでした。

遺跡を重視した結果、戦後は石器時代の日本に関する話がたくさん出るようになりました。一方で、『古事記』『日本書紀』は完全に無視されただけでなく、古代のことを語るときにはわざわざ別の文献を探してきて使うという悪い習慣が生じてきました。

別の文献というのは何かというと、朝鮮半島やシナ大陸に残っている文献です。しかし考えてみてください。日本の歴史を語るときに、日本で書かれた『古事記』や『日本書紀』にあたらず、わざわざ海の向こうで書かれた文献に頼るというのは大いに問題があると思いませんか。

皆さんもすぐに気がつくはずです。当時は今ほど交通手段が発達していませんでした。飛行機や電車はもちろん、船だって大したものはなかったでしょう。もちろん、新聞もテレビもインターネットもありません。そんな時代に、海を隔《へだ》てた朝鮮半島やシナ大陸に住む人々が日本についてどれほど正確な知識を持っていたでしょうか。人の行き来すら限られていた時代に、いったい何がわかるというのでしょうか。もし知っていることがあったとしても、せいぜい場所が近い九州北部あたりの人々と貿易などをしていて交流のあった人たちが耳にした噂話程度のものだったに違いありません。

彼らはその噂話を自分の国の歴史に書いたのです。たとえば日本について書かれたものとして卑弥呼や邪馬台国について触れた『魏志倭人伝《ぎしわじんでん》』が有名です。これは『三国志』の「魏書《ぎしょ》」にある「東夷伝《とういでん》」中に含まれていて、三世紀の末頃に書かれたといわれています。「東夷伝」の「東夷」というのは「東のほうの蛮族《ばんぞく》」という意味です。そんな海の向こうの蛮族について、どれほどの関心を抱き、どれほどの知識を持っていたでしょうか。おそらく「東のほうにどうも島があるらしい、その島の名前は『やまと』というそうだ」という、噂の噂ぐらいのレベルで耳にしたことを書いたと考えるほうが妥当《だとう》でしょう。

邪馬台の「台」は「と」と読めますから、「やまと」に「邪馬台」という漢字を当てて書いたのでしょう。しかも相手には野蛮国《やばんこく》という先入観がありますから、「邪」という悪い漢字を使っているわけです。

そこの支配者は卑弥呼という女王であるというのも、どこかで耳にしたことなのでしょう。日本人から見れば卑弥呼は「日の御子《みこ》」です。日本人は昔から天皇のことを日の御子と呼んでいたのです。だから、卑弥呼とは天皇のことなのではないでしょうか。

我々が小学校のときに歌っていた紀元節《きげんせつ》（神武《じんむ》天皇が即位した日として明治五年に定められ、昭和二十三年に廃止されるまで続いた祝日、現在の建国記念日）の歌の三番に「天津《あまつ》ひつぎの高みくら（天津日嗣の高御座）」という歌詞がありました。天皇は天津日嗣の人だから日嗣の御子となって、日の御子と呼んだのです。

しかし『魏志倭人伝』の作者は野蛮人の国の日の御子だから「卑」という字を使って卑弥呼としたのでしょう。本当はお日様の「日」だったに違いありません。それが女王であったというのは、日本の神話では天照大神という女神がいたという話が伝わっていて、それと重なって女王の卑弥呼になったのだろうと私は想像しています。

このような想像の産物が『魏志倭人伝』なのではないかということは昔の人も考えたよ

うで、第二次世界大戦の前までのまともな日本の歴史家は誰も『魏志倭人伝』を取り上げていませんでした。ところが戦後になると、とくに一九七〇年代あたりはシナ大陸や朝鮮半島を重んずる風潮が強くなって、あたかも邪馬台国や卑弥呼が『魏志倭人伝』に記されたとおりであったようにこじつける仮説がたくさん出てきました。

しかし、前記のような理由から、こういう仮説は無視するのが正しいように思います。『魏志倭人伝』を取り上げるならば、『古事記』や『日本書紀』のほうが遙《はる》かに信頼できます。なぜならば、『古事記』や『日本書紀』は日本で書かれた日本の歴史書なのですから。

◉記紀神話に生き生きと描かれている黎明期の日本の姿

先に出雲大社の例をあげましたが、『古事記』や『日本書紀』の記述には遺跡（リアリエン）と文献（リテラトゥール）が一致した例が非常に多いのです。

たとえば、今、方向を示す言葉には東西南北と四つあります。西は「にし」「せい」、北は「きた」「ほく」、南は「みなみ」「なん」と二つずつの読み方がありますが、東だけは「ひがし」「あずま」「とう」と三つの読み方があります。なぜ東だけは三つあるのでしょうか？　その理由が『古事記』や『日本書紀』を見ると明らかになります。

記紀《きき》（『古事記』と『日本書紀』を合わせてこう呼びます）に日本武尊《ヤマトタケルノミコト》が東国を平定《へいてい》して帰るときの話が載《の》っています。日本武尊は今の群馬県と長野県の境にある碓氷峠《うすいとうげ》を越えて帰るのですが、そのときに妃《きさき》であった弟橘媛《オトタチバナヒメ》のことを思い出します。この弟橘媛は、日本武尊の一行《いっこう》が三浦半島から房総《ぼうそう》半島に渡ろうとして突然の暴風に遭遇し、船が転覆《てんぷく》しそうになったときに、海神《かいじん》の怒りを鎮めようと自らの身を海に投げました。その結果、暴風がやんで日本武尊は無事に房総半島に到着できたのですが、残念なことに弟橘媛は亡くなってしまいました。

碓氷峠まできて弟橘媛のことを思い出した日本武尊は、弟橘媛が亡くなった東のほうを向いて「あづまはや」（ああ、私の妻はもう死んでしまったのだなあ）と言って嘆《なげ》くのです。このとき日本武尊が東のほうを向いて「あづまはや」と言ったので東を「あづま」と呼ぶようになったのです。

記紀にはこのほかにも現在の地名と合致《がっち》する地名がいくつも出てきます。だから、日本の歴史を見るためには記紀という文献の研究から始めて、それを補う意味で考古学的な発見、つまり遺跡に目を向けるというのが正しい道筋ではないかと思うのです。

面白いことには、明治時代に帝国大学ができたときに最初の日本史の教授になった方々はちゃんと神話を歴史の講義で取り上げています。神話を歴史として見ろというわけではなくて、神話がわからないと歴史時代のこともわからないことが多すぎるという理由です。太古の日本を知るためには、記紀神話の理解が欠かせないということなのです。

したがって本書でも記紀神話から日本の歴史をスタートすることにしたいと思います。

第一章

神話と歴史が地続きになっている国

【神代・古代】

【国造り】

男女がそれぞれの役割を果たしながら協同で造った国・日本

神話の時代と歴史の時代が地続きになっている――これは日本の大きな特徴です。どこの文明国でも神話時代が歴史時代に続いている国はありません。ギリシャにはギリシャ神話がありますが、今のギリシャ人たちがギリシャ神話を先祖の王朝の話として自国の歴史に結びつけて考えるようなことはありません。ところが、日本人は『古事記』や『日本書紀』に書かれている神話を読んで、自分たちの遠い祖先の話として考えることができるのです。序章で例をあげたように、神話の話がそのまま歴史に結びついているからです。

その地続きになっている記紀（『古事記』『日本書紀』）神話の特徴をあげるとすると、まず日本の神話には天地創造の話がありません。そして日本の神様の最初の数代は独神《ひとりがみ》と称して男女の区別がありません。

『古事記』によると、高天《たかま》の原《はら》に最初に現れた神様は天之御中主神《アメノミナカヌシノカミ》と言います。そのあとに高御産巣日神《タカミムスヒノカミ》、神産巣日神《カミムスヒノカミ》が現れます。この三神を造化《ぞうか》三神と言いますが、いずれも独神で男女の区別はありません。独神とはどういうものかと考えると、これは私の憶測《おくそく》ですが、古代の日本人が宇宙の原則とか自然の要素を神格化したものなのではないかと思うのです。

この造化三神の後に宇摩志阿斯訶備比古遅神《ウマシアシカビヒコヂノカミ》と天之常立神《アメノトコタチノカミ》という二柱《ふたはしら》の神様（いずれも独神）が出ます。ここまでの五柱の神を別天《ことあま》つ神《かみ》と呼びます。

この別天つ神の次に神世七代《かみよななよ》と言われる時代になります。七代のうちの最初の二神、国之常立神《クニノトコタチノカミ》と豊雲野神《トヨクモノノカミ》は独神です。その後に初めて男神と女神が現れ、これが五代続きます。そして神世七代の最後に現れるのが伊邪那岐命《イザナキノミコト》、伊邪那美命《イザナミノミコト》です。

男女の神ができたところから日本の歴史は完全に神話と地続きになります。『古事記』には、伊邪那岐命と伊邪那美命という男女の神が最初に現れた三柱の天《あま》の神《かみ》の命を受けて協同して島をつくったと書いてあります。

その方法も詳しく書いてあります。伊邪那岐命と伊邪那美命が天地の間にかけられた天《あめ》の浮橋《うきはし》の上に立って、天《あめ》の沼矛《ぬぼこ》という装飾を施《ほどこ》した美しい矛《ほこ》を何もない海原に突き下してかき混ぜ、持ち上げたときに滴《したた》り落ちたものが積もって淤能碁呂島《おのごろじま》になったというのです。

ということは、日本という国は、その初めから男女が協同して造ったということです。これが日本の国造りの一番根源にある思想です。

西洋では、キリスト教でもイスラム教でも、最初に現れるのは男神です。たとえばエデンの園に最初に現れたのはアダムという男神です。このアダムが一人で寂しそうだったから女神のイブが創造されたのです。ところが日本の場合は、初めから男女の神が現れて島をつくりました。これは世界にも珍しい話だと思います。

神話に描かれた男女の間の秩序

伊邪那岐命と伊邪那美命はできあがったばかりの島に降りて、場所を見計らって天の御《あめのみ》柱《はしら》という太い柱を立て、それを中心にして八尋殿《やひろどの》という大きな御殿を建てます。そして、今度は子どもをつくるのですが、そのときにまず天之御柱の周りを両側から回って、出会ったところでお互いに名を呼び合います。「いざなう」というのは「誘う」ということですから、伊邪那岐命、伊邪那美命というのは誘う男、誘う女なのです。

そのときに最初に女神である伊邪那美命のほうから「ああ、なんと立派な男の人よ」と言って伊邪那岐命を誘いました。それに対して伊邪那岐命が「ああ、なんと美しい女の人よ」と答えました。しかし、そうして結ばれて生まれたのは蛭子《ひるこ》というぶよぶよとした子どもでした。その次には泡のような子どもが生まれました。

不思議に思った二神は高天の原の大神のところへ行って「どうしてでしょう?」と尋ねました。その大神の名前は書いてありませんが、根本的な宇宙の真理みたいなものに問いかけたと解釈してもいいと思います。この質問に答えて大神は「呼びかけるときに女のほうが先だったのがよくなかったのだ。夫婦の交わりをするときは男のほうから呼びかけるものだ」と言われました。

淤能碁呂島に戻った二神は、今度は大神から教えられたように、まず伊邪那岐命のほうから「なんと美しい女の人よ」と呼びかけ、次に伊邪那美命が「なんと立派な男の方よ」と呼びかけました。すると次々に子どもが生まれてきました。こうして大八島《おおやしま》と呼ばれる日本の国ができたのです。この話は、日本では最初から男女同権で国を造ったということ、また男女には一つの秩序があるということを示しています。

■天地開闢のときの神々

○造化三神

天之御中主神《アメノミナカヌシノカミ》

高御産巣日神《タカミムスヒノカミ》

神産巣日神《カミムスヒノカミ》

○別天津神

宇摩志阿斯訶備比古遅神《ウマシアシカビヒコヂノカミ》

天之常立神《アメノトコタチノカミ》

○神世七代

1　国之常立神《クニノトコタチノカミ》

2　豊雲野神《トヨクモノノカミ》

3　宇比地邇神《ウヒヂニノカミ》　須比智邇神《スヒヂニノカミ》

4　角杙神《ツヌグイノカミ》　活杙神《イクグイノカミ》

5　意富斗能地神《オオトノジノカミ》　大斗乃辨神《オオトノベノカミ》

6　淤母陀流神《オモダルノカミ》　阿夜訶志古泥神《アヤカシコネノカミ》

7　伊邪那岐命《イザナギノミコト》　伊邪那美命《イザナミノミコト》

【高天原】

天照大神とスサノオの物語から見えてくる皇室の起源

伊邪那岐命、伊邪那美命は日本の国を造り終えると、次に天照大神《アマテラスオオミカミ》と弟神の素戔嗚尊《スサノオノミコト》を生みました。

ところが、この素戔嗚尊は母神である亡き伊邪那美命のいる根の国（黄泉の国）に行きたいと言って父神である伊邪那岐命の怒りを買い、高天原から追放されることになりました。素戔嗚尊は姉の天照大神に会ってから根の国に行こうと思い、高天原に上ります。しかし、この素戔嗚尊の行動に、天照大神は素戔嗚尊が高天原を支配しようという邪心を抱いているのではないかと疑います。

『古事記』によると、ここで二人は神に誓い合ってうけい（あらかじめ「こうすればこうなる」という宣誓をして占いを行い、その結果によって正邪、吉凶などを判断すること）をしました。お互いの持ち物を交換して、それによって子どもをつくり、生まれた子の性別によって素戔嗚尊の本心を判断することにしたのです。

まず天照大神が素戔嗚尊の持つ十拳剣《とつかのつるぎ》を受け取って、それを噛《か》み砕きました。そして息を吹き出すと、そこから三柱の女神が生まれた。次に素戔嗚尊が天照大神から髪と腕に巻いていた玉を受け取り、噛み砕きました。そして息を吹き出すと、そこから五柱の男神が生まれました。

これを見た素戔嗚尊は「自分の剣から女の子が生まれたのは、自分の心が清い証拠だ。これで潔白は証明された」と言い、自らがうけいに勝ったと宣言します。天照大神もそれを認めました。

これは天照大神と素戔嗚尊が子どもをつくったという話ですから、今の言葉で言えば結婚した、夫婦になったと考えてもいいでしょう。姉弟が結婚するのは今の感覚では普通ではないと思われるかもしれませんが、昔の日本は近親結婚が行われていました。むしろ尊い血がいろいろなところに分かれるのを惜しむという感じすらありました。だから皇室内では盛んに近親婚が行われていました。これは日本だけではなくて、クレオパトラのエジプトなどでも同じです。

うけいの結果、天照大神は素戔嗚尊をいったんは信用したのですが、それをいいことに素戔嗚尊は高天原に居座り、大暴れをしました。天照大神は素戔嗚尊を恐れて天石屋戸《あめのいわやど》に隠れてしまいます。日の神である天照大神が隠れてしまったため、高天原は闇に包まれました。

困った高天原の神々はなんとか天照大神に石屋戸から出てきてもらうおうと、その前で面白おかしく踊ったり歌ったり笑ったりしました。自分が石屋戸に隠れて外は暗くなっているはずなのに大騒ぎをしているのを不審に思った天照大神は、石屋戸を少しだけ開いて外の様子をうかがいます。これを待っていた神々は、うまく天照大神を言い含めて石屋戸から引っ張り出すことに成功するのです。

文献と遺跡が裏づける素戔嗚尊の足跡

一方、この騒ぎの原因をつくった素戔嗚尊は、八百万《やおよろず》の神々によって高天原から地上に追い払われてしまいます。そして今の地理で言えば朝鮮半島の南部にあった新羅《しらぎ》に行き、その後、息子の五十猛《イソタケル》とともに船で出雲国斐伊《ひい》川上流の鳥髪《とりかみ》の峯へ到り、そこで八岐大蛇《やまたのおろち》を退治したという話が『日本書紀』の一書に書かれています。

こうした話が『古事記』『日本書紀』という文献（リテラトゥール）に残っているのです。では、遺跡（リアリエン）のほうはどうかというと、出雲には素戔嗚尊が来たとされる鳥髪山（鳥髪の峯、現在の船通山《せんつうざん》）があります。

また、『日本書紀』には五十猛が地上に降臨するときにいろいろな木の種を持ってきて、それを朝鮮には植えず、九州の筑紫《ちくし》（今の福岡県）から始めて日本中に植えていったために、青山に覆われる国になったと書いてあります。こうしたことから五十猛が紀伊国《きいのくに》（木の国）に祀《まつ》られるようになったことも書いてあります。今でも紀州《きしゅう》和歌山には五十猛を祀った伊太祁曾《いたきそ》神社が残っています。ここでも文献（リテラトゥール）と遺跡（リアリエン）が一致しているのです。

神話ですから、厳密にそういう事件があったかどうかはわかりません。素戔嗚尊が実在していたかどうかもわかりません。しかし、文献に書かれた場所が現実にあるわけですから、神話とはいえ、それに相当する事件があり、素戔嗚尊のような人がいたと考えて少しもおかしくはないのです。

神話では、高天原から追放されて天照大神と夫婦別れするとき、素戔嗚尊はうけいによって生まれた三人の女の子を受け取ったとあります。そのため、素戔嗚尊が降臨したとされる九州や朝鮮半島周辺の島には女神を祀った神様が多いのです。

一方、天照大神はうけいによって生まれた五人の男の子を受け取りました。そこから日本の皇室が生ずることになりました。

【神武天皇】

神話時代と歴史時代の境目に立つ初代天皇

伊邪那岐命・伊邪那美命が天照大神や素戔嗚尊に続き、また天照大神から五代下った子孫が日本の初代天皇となる神武天皇（『日本書紀』では神日本磐余彦尊《カムヤマトイワレヒコノミコト》、『古事記』では神倭伊波礼毘古命）です。

天照大神の息子たちから神武天皇に至るまでにいろいろな男神が出ますが、注目すべきなのは、神武天皇の父も祖父も地元の娘を配偶者にしているという点です。それから神話によれば、天照大神の孫の瓊瓊杵尊《ニニギノミコト》は高天原から日本に降り立ったということになっています。これが天孫降臨《てんそんこうりん》ですが、このときに瓊瓊杵尊は自分の配偶者を連れてきたわけではありません。

ここからわかりますように、天照大神の系統の直系は最初からすべて男系男子であったということです。そして配偶者は地元の娘――記紀には海の神の娘と書かれていますが、これは海の辺りに住んでいた部族の娘さんだったに違いありません。これは、日本の天皇家においては男系男子が天皇になるということが重要なのであって、妃《きさき》となる女性が誰であるかは特別こだわらないことを示しています。

こうして神武天皇の時代になります。神武天皇以来の日本の歴史を、『古事記』も『日本書紀』も「歴史時代」として、それ以前の「神代」と分けています。当時もこのように神話の時代と歴史の時代を意識的に区分けしていたのです。同時にそれが地続きであることをはっきり示しています。こういう歴史を持つ国は世界には日本以外にないと思います。

■天照大神から神武天皇までの系図

天照大神

（アマテラスオオミカミ）

↓

天忍穂耳命

（アメノオシホミミノミコト）

↓

瓊瓊杵尊

（ニニギノミコト）

↓

火遠理命

（ホオリノミコト＝山幸彦）

↓

鵜草葺不合命

（ウガヤフキアエズノミコト）

↓

神武天皇

【記紀】

日本の古代を記した『古事記』『日本書紀』の作られ方

『日本書紀』を見るとわかりますが、昔、日本にはたくさんの貴族がいました。その貴族たちは、それぞれ自分の家の歴史を受け継いできました。この家の歴史が非常に重要なのです。西洋でも貴族は自分の家の歴史、自分の先祖について詳しいのですが、これは先祖の記憶や記録が自らの貴族としての証明となっているからです。

ですから、貴族の家には必ず伝承が残っています。『日本書紀』を開いてみてください。「一書に曰《いわ》く」「一書に曰く」という形式で、各貴族の家に伝わる話がずらっと並べてあります。それを比較することによって、同じ出来事でも家によって伝わり方が違っていることがわかります。見方によって一つの出来事も違って見えるということです。

歴史書でありながら『日本書紀』は決して独断せず、「こういう説もある」と異説をあげているわけです。『日本書紀』の成立は養老《ようろう》四（七二〇）年ですが、これほど記事の出典を明記している古代史は世界にも稀《まれ》なのではないでしょうか。

『日本書紀』を開きますと、その詳しさに驚きます。これが記憶だけで書けたとはとても考えられません。おそらくたくさんの人が集まって書いたものだと思われます。人海《じんかい》戦術で貴族の家に残る伝承を集め、そのすべてを入れたのでしょう。

一方の『古事記』は記憶で書き得たと思います。実際に『古事記』は天武《てんむ》天皇（在位期間六七三～六八六）に仕えていた舎人《とねり》の稗田阿礼《ひえだのあれ》が天皇に命じられて『帝紀《ていき》』（皇室の系譜《けいふ》を記したもの）や『旧辞《きゅうじ》』（各氏族に伝来する話を記したもの）といった当時存在していたとされる歴史書を暗記し、それを元明《げんめい》天皇（在位期間七〇七～七一五）の時代に太安万侶《おおのやすまろ》の前で声に出して読み、安万侶がそれを筆録《ひつろく》し、編纂《へんさん》したものです。稗田阿礼が話す内容を太安万侶が聞き取って文字にしてまとめたわけです。

それにしても『古事記』一冊分を暗記するとなると膨大な分量になりますから、それを覚えることが果たして可能なのかと疑う人もいるかもしれません。しかし、その当時の人の中には、おそろしいほどの記憶力の持ち主がいたようなのです。

これは古代だけの話ではありません。大正時代にも同じようなことがありました。言語学者の金田一京助先生がアイヌ語の研究をする際に、文字のないアイヌの長大な物語（ユーカラ＝叙事詩《じょじし》）を記憶しているという人に語ってもらい、それを書き取って和訳して『ユーカラの研究：アイヌ叙事詩』という大著《たいちょ》を書かれているのです。

そういうとてつもない記憶力の持ち主がたまにいるのです。このユーカラに比べれば『古事記』程度の分量ならば覚えるのはなんでもなかったのではないかと想像できます。

【日本人の起源】

日本民族の祖先は南の島から船に乗ってやってきた

『古事記』『日本書紀』に書かれた歴史時代は神武天皇（神日本磐余彦尊《カムヤマトイハレヒコノミコト》）から始まります。神武天皇は船に乗って九州から瀬戸内海を伝って進み、大阪あたりに上陸して大和に入ったと書かれています。昔のことですからいろいろな伝説も交じっていますが、伝説であるということを理解したうえで一つの歴史として見ていいと思います。

神武天皇は兄の五瀬命《イツセノミコト》と一緒に日向《ひむか》の国（今の宮崎県）から大和へ向かいますが、まっすぐ大和に入ったわけではなくて、筑紫（今の福岡県）に一年、阿岐《あき》（今の広島県）に七年、吉備《きび》（今の岡山県）に八年というように、途中で何年間も同じ場所に居座りながら、だんだん東上《とうじょう》していきます。

何年も同じ場所にとどまったのは、その周辺の部族の平定をしていたのではないかと考えられます。実際に九州あたりでは非常に頑強《がんきょう》な敵と遭遇していますし、浪速《なにわ》に上陸したときには長髄彦《ナガスネヒコ》の放った矢で五瀬命が傷を負い、それが原因で亡くなっています。そのときはいったん退却して、太陽を背にして紀州のほうから大和に入ったと詳しく書いてあります。その道中で神武天皇を助けた部族は、貴族としてその後もずっと続いています。

このとき注目すべき出来事がありました。長髄彦の軍勢を倒していよいよ大和に入るというときに、長髄彦の妹を妻とする邇藝速日命《ニギハヤヒノミコト》（饒速日命）が「自分も天孫族の裔《えい》（子孫）」であると言って神武天皇の陣に現れたのです。神武天皇は瓊瓊杵尊につながる天孫族ですが、邇藝速日命は別の兄弟の子孫だというわけです。

それが本当である証明として、邇藝速日命は天孫族だけしか持っていない宝物を見せました。確かに神武天皇も同じものを持っていました。これで邇藝速日命は天孫族の末裔《まつえい》であると認められ、神武天皇に恭順《きょうじゅん》を誓って一緒にやっていくことになったのです。

この話が何を物語るかというと、日本列島には時代も時期も別々に何派かに分かれて天孫族あるいは天皇族といわれる日本民族の祖先が上陸していたのではないかということです。ひょっとすると三内丸山遺跡を遺《のこ》した人たちもそうだったかもしれません。

最近では台湾にも日本の原始部族がいたという研究もあるようです。いずれも推測の域を出ないのですが、日本の原始部族はアイヌではなくて縄文文化をつくった人たちと同じなのではないかという説もあり、考古学的な研究が行われていると聞いています。

神武天皇の東征《とうせい》、そして大和で別系統の先祖の子孫と会ったという話から考えると、日本民族は南のほうの島から黒潮に乗ってやってきたのではないでしょうか。

日本人が南方からやってきたと考えられる三つの理由

これは単なる推測ではありません。第一次世界大戦の後の話ですが、日本の歴史を世界に知ってもらおうと英語で書かれた『日本通史』という本が作られました。この頃、日本は戦争に負けたドイツやオーストリア、革命で倒れたロシアに代わってアメリカ・イギリス・フランス・イタリアとともに世界の五大国になりました。しかし極東の小国が突然世界の大国の仲間入りをしたものですから、ヨーロッパの国々は日本を警戒しました。

そこで團《だん》琢磨や古河《ふるかわ》虎之助、井上準之助、高峰譲吉などの政・財・学界の有志が西洋人向けに日本史の本を作成して配布することになりました。その著者として白羽の矢が立ったのが京都大学教授でドイツ史を中心に西洋史の研究をされていた原勝郎博士でした。原博士は西洋史の専門家なのに『日本中世史』を書いたような方ですから、西洋人にわかるように日本史を書くことができると思われたのです。そして実際に、古代、中世、近世を経て近代に至るまでの日本の歴史を上手に説いてくださったのです。

そのときに問題になったのが、古代をどう書くかということでした。日本人の先祖は天孫族でどこかからかやってきたらしいと書いても西洋人は納得しません。そこでオックスフォード大学の先生などにも相談しながら、はっきりした出発点までは明らかにしていいないものの、南方の島から来たのであろうという説を立てられたのです。

その説の根拠となる理由は三つあります。一つは家の建て方です。日本の家を見ると、暑さを防ぐ工夫はあるが、寒さを防ぐ工夫はしていないというのです。

最近の家は冷暖房の発達で変わってきましたが、我々が家を建てる頃までは通風換気が一番重要でした。冬の寒さは炬燵《こたつ》に入るとか厚着をすれば凌《しの》げますが、夏の暑さや湿度は我慢できません。だから、日本の昔の家は風の通りを重視して高床式にしていたわけです。

二つ目は、稲、米に対する異常なほどの愛情と尊敬です。米というのは南方植物ですから、温帯気候の土地で栽培するのはわかります。ところが日本人は、稲を北方の東北や北海道にまで植えて育てています。冷害が来るのがわかっているのに植えていこうとする、この米への執着は並大抵ではありません。それは日本人の祖先がそれだけ米を大切にしていたからだろうというわけです。

三つ目は、勾玉《まがたま》が重んじられたことです。勾玉は南方の島と朝鮮半島の百済《くだら》の一部と日本からしか発見されていません。これは南方と日本人を繋ぐ有力な証拠と言っていいでしょう。百済のほうは素戔嗚命の足跡を考えれば理解できます。

原博士はこうした三つの理由から日本人の祖先は南のほうから来たと考えられると言っているわけです。また、何派にも分かれて来ていますから、非常に早い時期に来ていた人たちが縄文文化を築いたと考えることもできます。

これはまだ仮説ですが、漠然とでも日本人は南方からやってきたと考えることは問題ないでしょう。そう考えることによって、腑《ふ》に落ちることがたくさんあるのです。

第二章

遠い祖先たちが生きていた古代日本の姿

【古代】

【日本の根本精神】

神武天皇が即位式で唱えた世界初の人種平等思想「八紘一宇」

第一章でお話ししたように、『古事記』も『日本書紀』も日本の歴史時代の始まりに神武天皇を置いています。平成二十八（二〇一六）年四月には神武天皇没後二千六百年祭が行われて、天皇陛下や宮様が参拝されました。つまり、日本という国は今から二千六百年以上も前に始まったと考えられているのです。

神武天皇は大和（今の奈良県）に都を建てて橿原宮《かしはらのみや》で即位されたことになっています。今、橿原神宮があるあたりです。ここには昔、大きな湖があり、その周囲に部落が点在していたようです。考古学的な調査によると、あの周辺を発掘すると非常にたくさんの橿の木が出てくるそうです。文字通り橿原だったのだろうという考古学者の話を聞いたことがあります。

この即位式のときに神武天皇は、

「兼六合以開都、掩八紘而為宇、不亦可乎」（六合《くにのうち》を兼ねて以て都を開き、八紘《あめのした》を掩《おお》ひて宇《いへ》と為《せ》む事、亦可《またよ》からずや＝天地四方をまとめて都を開き、世界の隅々までを一つの家とするのはまたよいことではないか）

と言って国家の基本方針を表明しました。この「八紘を掩ひて宇と為む」という言葉が後に「八紘一宇《はっこういちう》」という言葉でまとめられるようになりました。

神武天皇が日本にやってきた頃には、いろいろな原住民が住んでいたに違いありません。日本は世界の東の端にある島ですから、大陸から逃げてきた部族もいたでしょう。神武天皇はそうした異なる民族や部族を討伐《とうばつ》して滅ぼすようなことはしないで、みんなが一つの屋根の下に集まって一緒に政治をすればいいだろうとおっしゃったのです。そのために、大本としては皇室の神をみんなで尊敬し、それに加えて各部族が尊敬する神様がいるのならばそれを付けてもかまわないだろうとも言っています。

この考え方は現在の日本にまで続く基本方針と言っていいでしょう。日本には元来、敵を皆殺しにするという思想はありません。例外的に織田信長が一向宗徒《いっこうしゅうと》を虐殺したことがありましたが、これは反乱を起こした宗教団体に政治家が腹を立てて潰したようなもので、一つの政治勢力が対立する他の政治勢力を皆殺しにしたというような話ではありません。

八紘一宇の精神に基づいてユダヤ人を救った戦時中の日本人

この神武天皇の精神は意外なところに生きていました。昭和十年代に日本がドイツと手を結んだときの出来事です。ナチス政権のドイツはユダヤ人の迫害《はくがい》を行いました。そのとき、ドイツは日本にも協力を要請《ようせい》してきました。日本では総理大臣、外務大臣、大蔵大臣、陸軍大臣、海軍大臣が集まって五相《ごしょう》会議を開いて対応を検討しました。

その会議の席で板垣征四郎《いたがきせいしろう》陸軍大臣が「特定の民族を迫害するということは神武天皇の『八紘一宇』の精神に反する」と言って反対しました。これが他の出席者の賛同を得て、日本はユダヤ人の迫害に加担《かたん》しないことを決めたのです。

この決定は当時の文明国では例外的なものでした。ナチスの迫害から逃れようと船に乗ってイギリスに向かったポーランドのユダヤ人たちがいました。彼らはロンドンに上陸しようとするのですが、イギリスは彼らの上陸を断っています。その船はさらに大西洋を横断してニューヨークに行きますが、アメリカでも上陸を断られています。結局、彼らはポーランドに戻るしかなく、そこでナチスの迫害に遭っています。

そんな時代に日本は国の政策として人種差別をしないとはっきり宣言したのです。実際に、ユダヤ人たちにビザを支給して助けた外交官の杉原千畝《すぎはらちうね》や、満洲国へのユダヤ人難民の受け入れに力を尽くした軍人の樋口季一郎《ひぐちきいちろう》のような人たちもいます。

これは、神話によれば二千六百年前にあった出来事が昭和の時代にも生きていたという例です。日本が神話時代から地続きであることの一つの証拠になると言っていいでしょう。

神武天皇を御祭神とする橿原神宮（後方は畝傍山）

神武天皇二千六百年大祭（平成二十八年）

写真提供：橿原神宮

【日本武尊】

日本武尊の東征が教える古代天皇族の姿かたち

『日本書紀』には各天皇について詳しい記述がありますが、だいたいにおいて大変正直な書き方になっています。あまり行いがよくなかった天皇も中にはいるのですが、その方についても書いています。不思議なのですが、日本の歴史には悪い皇后《こうごう》は出てきません。これはローマの歴史や中国の歴史と大いに違うところだと私は思っています。

ここで取り上げたいのは、第十二代景行《けいこう》天皇の子息の日本武尊《ヤマトタケルノミコト》という方です。日本武尊は身の丈《たけ》一丈《じょう》、つまり身長が三メートル三センチもあったそうです。もちろんこれは誇《こ》張《ちょう》でしょうが、見上げるほど背が高かったということなのでしょう。また眉目秀麗《びもくしゅうれい》（姿かたちが美しいさま）であったようです。

この方にはいろいろな逸話《いつわ》が残っています。十六歳のときには九州の熊襲《くまそ》を征伐したといわれています。征伐といっても皆殺しにして征服したというような血塗られた話ではなくて、熊襲の首領が大酒を飲んで酔っ払っているところを刺し殺したということです。このとき首領《しゅりょう》が死に際に「熊襲の国で一番強い俺よりも強いお前に日本武尊という名を献《けん》じよう」と言ったところから、日本武尊と呼ばれるようになったのです。

また、東国の征伐に出かけたときには、序章でお話しした東の三つ目の呼び方である「あずま」の謂《いわ》れとなる「あづまはや」という言葉を残しています。焼津《やいづ》という土地の名も、相模《さがみ》の土地の豪族が野原に火を放って日本武尊を殺そうとしたときに、携行していた天叢雲剣《あまのむらくものつるぎ》（素戔嗚尊が出雲国で八岐大蛇《やまたのおろち》を退治したときに八岐大蛇の尾から出てきた剣で三種の神器《じんぎ》の一つ）であたりの草を払い（ここから草薙剣《くさなぎのつるぎ》とも言うようになった）、向かい火をして火勢を弱めて難から逃れた後で、あたり一面を焼き払って土豪を滅ぼしたという逸話がもとになっているといわれています。

このように日本武尊は非常に勇《いさ》ましい方だったのですが、先ほどの身長の話からもわかるように昔の天皇族は体が大きくて立派だったようです。『日本書紀』には日本武尊が今の千葉県の房総半島に上陸して、そこから船で東北に行く様子が書かれています。そのときに船縁《ふなべり》に立った日本武尊の姿を見て、原住民が「ああ立派な人が来た。あれは神人《しんじん》に違いない」と言って畏怖《いふ》して戦わずして降伏してしまったというのです。

日本武尊の東征には似たような話が各地であり、武力をあまり使わずにその土地の豪族たちを降参させています。そうしたところからも、原住民から見ると古代の天皇族は非常に立派な体格をしていて、神にもたとえられるような美男であったと考えていいようです。

【三韓征伐】

神功皇后の三韓征伐が示す古代日本と朝鮮半島の関係

日本武尊のお子さんに第十四代仲哀《ちゅうあい》天皇がいらっしゃいます。この方は九州で起こった熊襲の反乱を鎮圧するために筑紫の香椎宮《かしいぐう》に行きました。そのときに妃である神功《じんぐう》皇后が神懸かり（神霊が乗り移ること）になって「海の向こうの西方にある国にはたくさんの宝がある。熊襲を攻めるよりもその国を攻めよ」というお告げが下りました。仲哀天皇は高い丘に上り、西方を見ましたが、海ばかりで国らしきものは見えません。

結局、仲哀天皇は神様のお告げを無視して熊襲を攻めました。しかし、戦いに敗れ、後退を余儀なくされました。さらにその翌年、香椎宮で突然崩御《ほうぎょ》（天皇等の君主が亡くなること）されました。神功皇后らは天皇が亡くなったのは神のお告げを聞かなかったからだと考えました。

天皇が亡くなった後、神功皇后が天皇に代わって政務を執《と》りました。皇后はまず熊襲を征伐すると、再度下った神のお告げに従って海を渡り、朝鮮半島にあった新羅を攻めるのです。新羅の王は日本軍の勢いに怖れをなして戦わずして降参しました。さらに百済《くだら》と高《こう》句麗《くり》も日本に朝貢《ちょうこう》することを約束します。これが日本の歴史に残っている神功皇后の三韓征伐《さんかんせいばつ》です。

戦後になると、韓国に配慮して三韓征伐が行われたことを肯定する歴史家はほとんどいなくなりました。ところが、三韓征伐が実際にあったと証明する石碑が一八八〇（明治十三）年に清国の集安《しゅうあん》という場所で見つかりました。

これは好太王《こうたいおう》（広開土王《こうかいどおう》ともいう）という高句麗の第十九代国王の功績を記した石碑ですが、そこに三九九年に倭軍（日本軍）が新羅に攻め込み、新羅の使者が高句麗に救援を求めてきたという一文が刻まれていました。また四〇〇年には五万の大軍で新羅を救援し、倭軍を都から追い払ったことなども書かれていました。

これは日本の歴史で三韓征伐があったとされる時期とそれほど離れていません。好太王碑は三韓征伐が実際にあったことを証明しているのです。

この碑は高さが約六・三メートル、幅が約一・五メートルもある巨大なものです。これを無視することは誰もできません。現在の中国の研究でも、好太王の時期には日本が朝鮮半島を支配していたのだろうと言われています。

当時は任那《みまな》や加羅《から》、あるいは百済といった朝鮮半島南部地域に倭人が多数いて、任那には大和朝廷の出先機関である日本府が置かれていたと言われています。それを証明するかのように、この地域では弥生式土器や日本独特の前方後円墳が発見されています。これは推測の域を出ませんが、『日本書紀』の一書にあるように、この場所に素戔嗚尊が渡り、その子孫がそのまま残ったと考えると大筋で話の辻褄《つじつま》が合うのです。

というのも大和と百済は不思議に親しい関係にあります。百済が高句麗の好太王に攻められたときには日本に救援を求め、助けに行くということがありました。また、六六〇年に唐に攻められて百済が滅亡するというときには、王族が日本に逃げてきています。六六三年の白村江《はくすきのえ》の戦いのときには、日本に逃げてきていた百済の王子・扶余豊璋《ふよほうしょう》を日本が支援しています。

それから百済の貴族や王族のお姫様が日本の天皇と結婚しています。今上《きんじょう》天皇（現在の天皇）も、桓武《かんむ》天皇のお母さんのご先祖は百済の系統であるというようなことをおっしゃったことがあります。

百済に神道があったことを示している鬼室神社

百済が滅亡するときに日本に逃げてきた人で、鬼室集斯《きしつしゅうし》という貴族がいました。この人は大和朝廷から日本に土地を賜って近江国《おうみのくに》（今の滋賀県）蒲生《がもう》郡に移住したとされます。今でもそこには鬼室神社という神社がありますから、そのあたりに暮らしていたということでしょう。

鬼室集斯が神社に祀られているということは、百済も仏教が入る前は神道であったということだとも考えられます。私も何人かの韓国人に高麗時代に仏教が入る前の宗教はなんなのかと聞いたことがありますが、ちゃんと答えてくれた人は一人もいません。けれども、少なくとも百済では神道だったのではないでしょうか。だから、鬼室集斯を祭神《さいじん》とした神社が建てられているのです。また百済から渡ってきた人で日本の神社の宮司になった人もいます。

それを考えると、やはり百済のあたりに素戔嗚尊が行ったときに、その系統の子孫が残ったのではないかと思うのです。

三韓征伐について、もう一つ触れておきたいことは、神功皇后が妊娠していたということです。『古事記』によると、皇后は新羅を征伐して筑紫に戻ってきて出産をします（このとき生まれた子が第十五代応神天皇になります）。そのため、そのお産をされた場所を「宇美《うみ》」と名付けたと書かれています。

これは現在の福岡県粕屋郡の宇美町だと言われています。そこには今も神功皇后とその子である応神《おうじん》天皇を主祭神とする宇美八幡宮《はちまんぐう》が鎮座《ちんざ》しています。この神社は第三十代敏達《びだつ》天皇の時代（五七〇年頃）に創建されたという由緒ある八幡宮で、安産信仰の場所となっています。また応神天皇は三韓征伐のときに神功皇后が身ごもって戦い、勝利したところから、八幡神＝武運の神として尊ばれ、日本中の八幡神社に祀られています。

【仁徳天皇】

〝品が良くて慎ましやか〟という皇室の原点を仁徳天皇に見る

応神天皇を継いだのが第十六代仁徳《にんとく》天皇です。仁徳天皇には有名な話が残っています。あるとき宮殿の二階に上って四方を見渡したら、どこの民家の竈《かまど》からも食事の支度《したく》をする煙が立っていない。これは民の生活が貧しいからだと判断された仁徳天皇は、三年間の租税や賦役《ぶえき》を免除する一方で、節約のために宮殿の屋根の茅葺《かやぶ》きをさせませんでした。そのため、宮殿は傷《いた》み、雨漏りがするようになってしまいましたが、天皇は雨漏りする場所を避けて暮らしていたのです。

こうして三年が経ち、天皇は再び高殿《たかどの》に上って四方を見渡しました。すると今度は至る所から竈の煙が立ち上っていました。人々の生活が豊かになったと考えた天皇は、ここでようやく租税や賦役を元に戻しました。こうした徳の高い天皇のもとで万民は大いに栄えたと言います。

仁徳天皇がこのときに歌ったといわれる御製《ぎょせい》が『新古今和歌集』に収められています。

高き屋にのぼりて見れば煙《けぶり》立つ民のかまどはにぎはひにけり

仁徳天皇に限らず、日本の天皇で豪華な宮殿を建てることを誇りにしたり、情け容赦《ようしゃ》なく税金を取り立てたような悪名のある天皇は一人もいません。日本の皇室というのは常に慎ましやかなものでした。宮殿にお住まいとはいっても、中国やヨーロッパの宮殿のような豪華なものではありません。

おそらく今までの天皇で一番豪華な宮殿にお住まいになったのは明治天皇以降の天皇です。しかし、それは天皇ご自身が建てたものではなく、徳川将軍家が建てたものです。しかも、そのときの屋敷はだいたい空襲で焼けてしまいましたから、その後に建てたのは豪華豪奢《ごうしゃ》というよりは非常に品がよいお住まいです。

贅沢《ぜいたく》なことをしないというのは日本の皇室の基本的な特徴だと考えてもいいでしょう。なぜ贅沢をなさらないのかというと、日本の皇室から見ると日本の国民は全部同族という感覚があったからだと思います。

外国の場合は、庶民は被征服民族です。日清戦争のときの清国であれば、清国は満州族の建てた国ですから、民衆である漢族は異民族です。清の前の前の王朝であった元も蒙古族の国です。

シナ大陸ではいろいろな民族の王朝ができています。新しい民族が王朝を建てると、そこに暮らしていた前王朝時代の国民は被征服民族になるというパターンが多いのです。自分と同族の国民ではないので、新しい王は重い税を課したり、使役《しえき》することを躊躇《ちゅうちょ》しませんでした。一方、自分の暮らしは贅沢を極めたものになるわけです。

これに引き換え、日本の皇室は伝統として国民は自分の家の者という感覚を持っていたのではないかと感じます。たとえば百姓《ひゃくせい》（庶民）を大御宝《おおみたから》と呼んで大切にしているのもそうです。国民は御宝であるという感じがあったのだと思います。その皇室の原点を感じさせてくれるのが、仁徳天皇なのです。

この仁徳天皇については大阪の堺市に仁徳天皇陵《りょう》（大仙陵古墳《だいせん》）という前方後円墳のお墓が残っています。これはお墓としては世界一の面積だという説があります。反面、戦後は記紀の記述に整合性がないといった理由で仁徳天皇の実在を否定する歴史家もいます。それどころか第二十六代の継体《けいたい》天皇よりも前の天皇の存在を認めないという見方をする歴史家もいます。

そういう人の作った年表を見ると、仁徳天皇陵が実在するにもかかわらず仁徳天皇が出てこないということになっています。文献（リテラトゥール）も遺跡（リアリエン）も残っているのにそれを認めないというのは、歴史の見方として問題ありと言わざるをえません。

《コラム1》　男系男子相続は太古においても重要だった

継体天皇の一代前、第二十五代武烈《ぶれつ》天皇という方がいます。『日本書紀』によると、武烈天皇はだいぶ乱暴な天皇で、親族をたくさん殺したため皇族が逃げてしまったと記されています。武烈天皇が亡くなったとき、娘はいましたが男の子がいなかったため、宮廷が大騒ぎになりました。男系男子が天皇になるという皇統《こうとう》の危機が訪れたからです。

血の繋がりのある男系男子はいないかと、皇族の家系を応神天皇の代まで遡《さかのぼ》って捜した結果、越前国《えちぜんのくに》（今の福井県）に応神天皇の曾孫《そうそん》の孫である男大迹王《おおどのおおきみ》という方がいることがわかりました。傍系《ぼうけい》でもあり本人はためらったようですが、否応《いやおう》なしに天皇に祀り上げられることになりました。これが継体天皇です。そして、この傍系の出である継体天皇を直系である武烈天皇の娘と結婚させたのです。

ここも重要なところです。日本の皇室においては、娘は皇后になることはできてもそのまま天皇になることはできないのです。だから、武烈天皇の娘も天皇になることはなく、継体天皇の皇后になりました。そしてこの二人の間に生まれた男児が再び直系として天皇家を継いでいったのです。

【仏教伝来】

神の国であった日本で初めて仏教を重んじた用明天皇

西暦五三八年（五五二年説もある）、第二十九代欽明《きんめい》天皇の時代に仏像と経典が初めて日本に伝来したといわれます。このとき多少のゴタゴタがありました。今はあちこちにお寺があり、仏教は身近なものになっていますが、もともと日本は神道の国です。仏教は外国の宗教ですから、警戒心を抱く人たちがたくさんいたのです。

そのときに仏教を推進する勢力がありました。蘇我《そが》氏です。蘇我氏の先祖は武内宿禰《たけうちのすくね》といって、神功皇后のお供をして三韓征伐に行った人として知られています。この人は朝鮮と関係が深い家柄だったようです。そうした先祖を持つ蘇我氏は自分たちが触れた仏教という新しい学問、新しい教えを日本に普及させようとしました。

しかし、高天原の時代から日本にいる貴族にしてみれば、蘇我氏の動きは面白くありません。神道があるのにどうして仏教が必要なのか、といったところでしょう。そこに意見の対立がありました。

欽明天皇は自分の妃（堅塩姫《きたしひめ》）の親である蘇我稲目《そがのいなめ》から「西方にある国々はどこも仏教を礼拝《らいはい》しているのに、わが国だけがそれをしないわけにはいきません」と仏教の布教を懇《こん》請《せい》されます。これに対して物部尾輿《もののべのおこし》や中臣鎌子《なかとみのかまこ》といった高天原に祖を持つ人たちは「外からやってきた神を礼拝すれば国神の怒りを買います」と猛反対をします。

この両者の意見を聞いた欽明天皇は、蘇我稲目に仏像を授《さず》けて「試しに礼拝してみなさい」と許可を与えました。ところが、蘇我氏が仏像を安置して礼拝するのと同時期に疫《えき》病《びょう》が流行して、たくさんの人が死にました。それを見た物部氏や中臣氏は「外来の神を拝んだからだ」と蘇我氏を非難し、仏像の廃棄を天皇に奏上《そうじょう》（意見を申し上げること）しました。

天皇がこれを認めたため、物部氏や中臣氏は仏像を蘇我氏から奪い、難波の堀の中に投げ捨てました。さらに仏像を安置していた伽藍《がらん》に火を放って焼いてしまいました。一説によると、この投げ捨てられた仏像を拾ったのが本田善光《よしみつ》という信濃国司《しなのこくし》の従者で、その名をとって名付けられた信州の善光寺に仏像が祀られたといわれています。

ところが、仏教と神道の問題はこれで終わらず、その後も続きました。欽明天皇の跡を継いだ第三十代敏達天皇は仏教があまり好きではなかったと『日本書紀』に書かれています。そのため廃仏派の物部氏・中臣氏と崇仏《すうぶつ》派の蘇我氏が対立するという構図が生まれました。蘇我馬子《そがのうまこ》（蘇我稲目の子）は仏法を信奉する許可を天皇からいただき、仏殿を建てて仏像を祀りました。するとまたしても疫病が蔓延《まんえん》したため、今度は物部守屋《もののべのもりや》（物部尾輿の子）が天皇に奏上して仏教の禁止を求めました。天皇もそれを許可したため、守屋は仏像と仏殿を焼き払いました。ところが、その年に天皇が病に倒れ崩御されたため、神道と仏教の争いはここでも決着がつきませんでした。

敏達天皇の跡を継いだ異母弟の第三十一代用明《ようめい》天皇は、母親が仏教を信奉した蘇我稲目の娘（馬子の妹）であったからか、神道を信じる一方で仏教を重んじる姿勢を見せました。『日本書紀』には用明天皇について「仏の法《のり》を信じられ、神の道を尊ばれた」と書いてあります。ここに日本の歴史上初めて仏教を重んずる天皇が現れたわけです。

これは見方によっては宗教政策の大転換です。ローマ皇帝コンスタンティヌスは三一三年のミラノ勅令《ちょくれい》でキリスト教を容認しますが、これは歴史の本ではゴシック文字で強調されるような大事件でした。西洋人なら誰もがコンスタンティヌス大帝の名と、彼が発したミラノ勅令を知っています。ところが日本では、最初に仏教を好まれた天皇が用明天皇であったことをほとんど誰も知りません。私自身、『日本書紀』を読むまでは教えられたことがありませんし、歴史学者の本で読んだこともありませんでした。

それはなぜかというと、用明天皇は神道を捨てたわけではなく、仏教に改宗したわけでもなかったからでしょう。神道を尊ぶのは皇室にとっては当たり前で、それに加えて用明天皇は仏教も好んで勉強をされたということなのです。

■崇仏派と廃仏派の対立

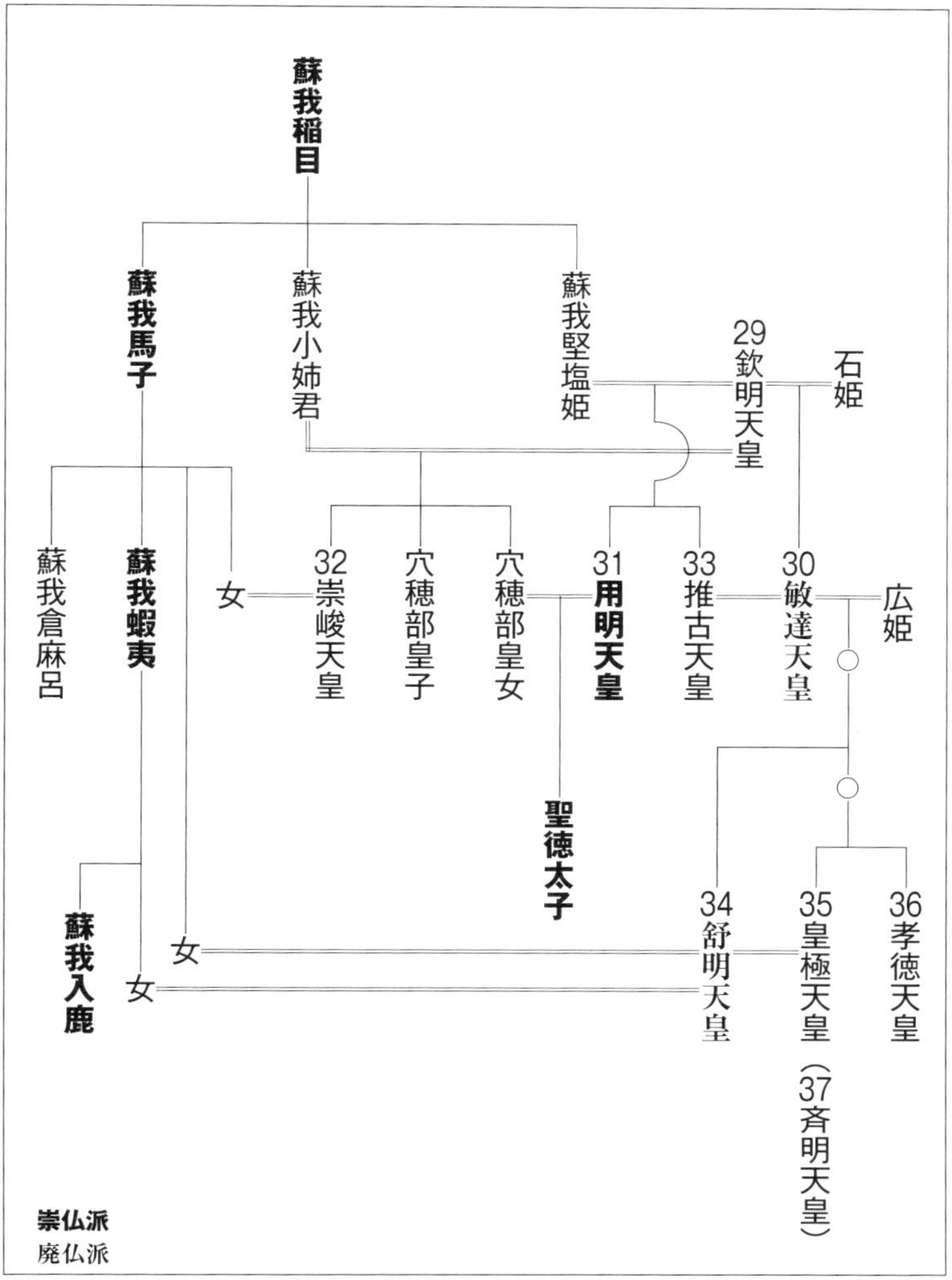
蘇我稲目
蘇我馬子
蘇我小姉君
蘇我堅塩姫
29 欽明天皇
石姫
蘇我倉麻呂
蘇我蝦夷
女
32 崇峻天皇
穴穂部皇子
穴穂部皇女
31 用明天皇
33 推古天皇
30 敏達天皇
広姫
聖徳太子
蘇我入鹿
女
女
34 舒明天皇
35 皇極天皇（37 斉明天皇）
36 孝徳天皇
崇仏派
廃仏派

【推古天皇】

蘇我馬子に暗殺された崇峻天皇の跡を継いだ日本初の女性天皇

用明天皇が仏教を好んだといっても、宮廷の家臣の間では相変わらず仏教を好まない人がいました。用明天皇が崩御されると、その後継をめぐって再び仏教崇拝派の蘇我氏と仏教排斥《はいせき》派の物部氏の間で争いが起こりました。

物部守屋は欽明天皇の子の穴穂部皇子《あなほべのみこ》（聖徳太子の叔父、敏達天皇・用明天皇は異母兄にあたる）の擁立《ようりつ》を目指しました。ところが蘇我馬子は穴穂部皇子を殺害し、物部守屋も討伐してしまいました。

戦いに勝利した蘇我馬子が用明天皇の後継として擁立したのは用明天皇の異母弟で穴穂部皇子の実弟にあたる泊瀬部皇子《はつせべのみこ》で、この方が第三十二代崇峻《すしゅん》天皇として即位しました。ところが今度は権力を握って横柄《おうへい》に振る舞う蘇我馬子と崇峻天皇が対立しました。あるとき、崇峻天皇は献上《けんじょう》された猪《いのしし》を見て、「この猪のように自分が憎いと思う者の首を斬《き》れたらいいのに」とふと漏らしました。別に馬子を名指ししたわけではないのですが、念頭《ねんとう》にあったのは間違いなく馬子のことだったのでしょう。

この話が馬子に伝わりました。馬子は「自分は天皇に嫌われている」と思い、やられる前に殺してしまおうと、配下《はいか》の東漢駒《やまとのあやのこま》を差し向けて崇峻天皇を暗殺してしまうのです。崇峻天皇は日本の天皇として最初に暗殺された方になりました。

このとき崇峻天皇の息子の一人である蜂子皇子《はちこのおうじ》は、自分も馬子に殺されるのではと恐れて、若狭湾《わかさわん》の由良の港から船に乗って逃げました。そして今の山形県鶴岡市の由良に上陸して羽黒山《はぐろさん》に登り、そこで羽黒権現《ごんげん》の霊験《れいげん》を得て出羽三山《でわさんざん》の開祖《かいそ》となりました。

それにしても臣下《しんか》が天皇を暗殺するというのはショッキングな事件であったはずです。次の天皇を誰にするかについて、おそらく慎重に検討されたはずです。その結果、選ばれたのは敏達天皇の皇后であり、用明天皇の実妹《じつまい》である推古《すいこ》天皇でした。日本で初めての女帝（女性天皇）の誕生です。あえて女性を天皇にしたのは、廃仏派と崇仏派のバランスをとって朝廷内のゴタゴタを宥和《ゆうわ》するという意図があったものと考えられます。

しかし、政務はやはり男性が執ったほうがいいだろうということだったのでしょう。用明天皇の子であり、推古天皇の甥《おい》にあたる聖徳太子が摂政《せっしょう》の地位について、推古天皇を補佐することになりました。

【十七条憲法】

第一条「和を以て貴しと為す」の裏にある神道派と崇仏派の確執

聖徳太子には「一度に十人の人の話を聞いてそれぞれに的確に答えた」という逸話があるように、非常に聡明で天才的な方だったのでしょう。経典もよく研究していて、太子が注釈を付けたお経が大陸で出版されて評判になり、再版までされたといわれています。まだ日本に仏教が入って間もない頃の話ですから、聖徳太子の天才ぶりがうかがえます。

聖徳太子の第一の功績といえば、十七条憲法を制定したことです。十七条憲法は実に憲法らしい憲法です。あまり細かなことを書かず、国のあるべき姿を骨太に示しています。この憲法は日本の歴史の中で長く尊敬されて、鎌倉幕府第三代執権となった北条泰時《ほうじょうやすとき》が武家のあり方を定めた貞永式目《じょうえいしきもく》（御成敗式目《ごせいばいしきもく》）にも影響を与えています。貞永式目が五十一か条になっているのも聖徳太子の十七条憲法を意識して、その三倍の数にしたのです。十七条憲法の第一条は「和を以《もっ》て貴《たっと》しと為《な》す」です。十七条憲法が崇峻天皇暗殺の後に制定されたことを考えると、実に意味深い条文です。

崇峻天皇を擁立するために聖徳太子は蘇我馬子と同盟し、自ら戦場に出て物部氏と戦いました。物部氏の軍隊は強くて三回攻めてもうまくいかないので、四回目には木で造った四天王像を祀って「敵に勝たせてくださるならば寺塔《じとう》を建てましょう」と誓願《せいがん》して戦いに臨《のぞ》みました。それでようやく物部氏に勝利し、誓願の通りに四天王寺を建てるのです。

そこまでして擁立した崇峻天皇が蘇我馬子の手にかかって暗殺されたとき、太子は非常に後悔されたようです。その悔恨《かいこん》も含めて「和を以て貴しと為す」を第一条においた憲法をお作りになったのです。

十七条憲法で特に重要なのは、第二条の「篤《あつ》く三宝を敬《うやま》え。三宝とは仏・法・僧のことである」です。ここでは「仏《ほとけ》、法《のり》、僧《ほうし》を尊べ」といって神道について触れていません。どうして神道を尊べと言っていないのかとしばしば問題にされてきました。しかしこれは、皇室の人にとって神道を尊ぶとは先祖を尊ぶのと同じことだから、わざわざ憲法に書くまでもないと考えたと解釈すべきでしょう。

実際、聖徳太子は仏教の寺院を参拝すれば、その後には必ず神道の神社にも参拝しました。神道への尊崇《そんすう》は皇室の方には当たり前のこととはいえ、参拝という形で身をもって示すことで神道を奉《ほう》ずる人たちへも配慮しているのです。

これに限らず、我々が歴史を読む場合に注意しなければならないのは、あまりわかりきったことは書かれないということです。そこに気がつかないで見過ごしている真実もあるのではないかと思うのです。

【遣隋使】

隋の煬帝を怒らせた聖徳太子の国書に書かれていたこと

聖徳太子の頃に日本は初めて海外との交渉を始めました。シナ大陸に興った大国・隋《ずい》に使節団を送ったのです。遣隋使です。それ以前の古い時代にも九州あたりの豪族が大陸と交渉していたことはありましたが、中央政府が大陸と直接交渉を始めたのは、この聖徳太子のときが初めてです。

遣隋使の使者に選ばれたのは小野妹子《おののいもこ》です。妹子は太子から隋の煬帝《ようだい》に宛てた国書を持っていきました。その国書の中に「日出處天子致書日沒處天子無恙云云」（日出《ひい》ずる処《ところ》の天子《てんし》、書《しょ》を日没《ひぼつ》する処《ところ》の天子《てんし》に致《いた》す。恙無《つつがな》きや云々《うんぬん》）という一文がありました。これは「東の国の天皇が西の皇帝に書を致す」というような意味です。聖徳太子は最初から日本と隋を対等において交渉を始めたのです。隋の歴史を記した『隋書』には、この国書を読んだ隋の煬帝が「大いに喜ばざる」、つまり憤慨《ふんがい》していたと書かれています。

煬帝は、日本なんてたかが東夷＝東のほうの異民族の住む小さな島だと思っていたのでしょう。それが大国である隋と同等に交渉しようとするのが気に食わなかったのです。おまけに日本は「日出處」と書かれているのに対し、隋は「日沒處」と書かれているのです。

「日の出の勢い」というように日の出はいかにも勢いを感じさせますが、日没には没落に通じるイメージもあります。聖徳太子としては、単に大陸の方角が日本から見ると西方にあったので「日が没する処」と表現したのだと思いますが、煬帝はいたく気分を害したようです。まあ、それはもっともな話だと思います。

ついでながら隋がどういう国だったかというと、孔子が活躍した周の時代の末期に春《しゅん》秋《じゅう》戦国という小国が乱立する時代がありました。それを紀元前二二一年に統一したのが有名な秦の始皇帝です。始皇帝は度量衡《どりょうこう》や文字を統一し、万里《ばんり》の長城《ちょうじょう》を築きました。また焚書坑儒《ふんしょこうじゅ》という思想弾圧を行っています。これは本を燃やし儒者を生き埋めにするというもので、始皇帝政権を批判した儒者への報復《ほうふく》行為と言っていいでしょう。

しかし、秦は始皇帝が亡くなるとすぐに滅亡します。統一期間はわずか十五年でした。その後、前漢（紀元前二〇二～八）、後漢（二五～二二〇）の時代を経て、魏《ぎ》・呉《ご》・蜀《しょく》が興亡する三国志の時代になり、五胡十六国《ごこじゅうろっこく》という五つの蛮族の十六の朝廷ができるゴタゴタした時代が続きました。それを五八一年に統一したのが隋です。

隋を築いた民族は孔子の時代に鮮卑《せんぴ》と呼ばれていました。孔子を祖とする儒学の教えは統治に便利なので隋にも儒教が入っていましたから隋も周も同じ民族だと勘違いする人も多いのですが、両者に繫がりはありません。

【大化の改新】

蘇我氏の野望を砕き、古代日本の〝近代化〟を目指した天智天皇

聖徳太子は仏教を積極的に取り入れ、十七条憲法を制定し、隋と対等外交をするという非常に大きな働きをしました。ところが、その子孫は一人も残りませんでした。山背大兄王《やましろのおおえのおう》を筆頭《ひっとう》にお子さんがたくさんいましたし、お孫さんは男の子だけでも十人ぐらいはいました。それが一人として残らなかったのです。聖徳太子のお子さんやお孫さんは天皇の地位に就く資格のある方たちですが、誰も天皇にはなっていません。おそらく全員が抹殺《まっさつ》されてしまったのでしょう。

なぜそんな悲劇的なことが起こったのでしょうか。私は崇仏派に対する神道派勢力の政治的な巻き返しがあったのではないかと推察しています。それを裏付けるように推古天皇の次に皇位に就いたのは、仏教が好きではなかった敏達天皇の孫の舒明《じょめい》天皇です。おそらく天才的な指導力を発揮した聖徳太子が亡くなった後、皇室の中での崇仏派と神道派の対立が再び激しくなったため、太子の直系が皇位に就くことを避け、ひとまず神道派の敏達天皇の系統に戻って宥和をはかったのではないかと考えられます。

聖徳太子の子の山背大兄王を討ったのは太子とともに推古天皇の政権を支えた蘇我馬子

の孫・入鹿《いるか》でした。入鹿が山背大兄王を討った直接の理由は皇位をめぐる争いです。入鹿の父の蝦夷《えみし》は推古天皇の後継に田村皇子（後の舒明天皇）を擁立しました。その事情は右に述べたとおりですが、入鹿の時代になると、まず舒明天皇の皇后である皇極《こうぎょく》天皇を皇位に就け、続いて自らコントロールしやすいという理由で舒明天皇の第一皇子で自らの従兄弟にあたる古人大兄皇子《ふるひとのおおえのみこ》の擁立を画策《かくさく》しました。

そのためライバルとなる山背大兄王を排除することを決意し、百名の兵を六四三年に斑鳩宮《いかるがのみや》に差し向け山背大兄王を襲撃したのです。山背大兄王は生駒山《いこまやま》に一時的に逃げますが、結局、最後は斑鳩寺で一族郎党《ろうとう》ともども自害してしまいます。こうして上宮王家《じょうぐう》と呼ばれた聖徳太子の血統は断たれることになってしまいました。

入鹿の権勢はますます強大なものとなっていき、やがて自らが皇位を狙うようになりました。この入鹿に激しい敵意を燃やした人物がいました。宮中《きゅうちゅう》で代々神事・祭祀職《さいししょく》を務め、仏教問題で蘇我氏と争った中臣氏の後継者・中臣鎌足《かまたり》です。鎌足は蘇我氏打倒を計画し、密かに仲間を集めました。そしてその中心人物として選んだのが、中大兄皇子《なかのおおえのおうじ》（後の天智《てんじ》天皇）です。皇子の主宰する蹴鞠《けまり》の会に参加した鎌足は、皇子が鞠を蹴るときに靴が一緒に脱げてしまったのを拾って皇子に跪《ひざまず》いて手渡しました。これがきっかけとなって二人は親しくなり、心を許し合う仲になったと言われています。

人目に付かないように二人は同じ塾に通って、その行き帰りに蘇我氏打倒計画を練りました。そして仲間に引き入れた入鹿の従兄弟の石川麻呂《いしかわまろ》などとともに、六四五年、三韓(新羅・百済・高句麗)からの使者を招く儀式に出席していた入鹿を襲いました。入鹿は斬り殺され、父の蝦夷も屋敷に火を放って自害しました。こうして蘇我氏の時代は終わりを告げることになったのです。

蘇我氏から政治の実権を取り戻した中大兄皇子と中臣鎌足は大化の改新に取り掛かります。中大兄皇子はすぐに即位せず、まず古人大兄皇子の擁立を目指しましたが、古人大兄皇子が出家《しゅっけ》してしまったため、次に叔父であり皇極天皇の実弟の軽皇子《かるのみこ》にお願いに行きます。軽皇子も最初は固辞《こじ》していましたが、最終的には皇極天皇から譲位されて孝徳天皇《こうとく》となりました。しかし、孝徳天皇は九年ほどで病没しました。その後、皇極天皇が再び即位して斉明天皇となり、中大兄皇子が皇太子として政治の実権を握りました。そして四十二歳になった六六八年にようやく即位して天智天皇となるのです。

大化の改新は年表で見れば孝徳天皇や斉明《さいめい》天皇の時代に行われたものですが、実際には中大兄皇子と中臣鎌足が中心になって行いました。

では、大化の改新とはどういう目的で行われたものでしょうか。一言で言うならば、天皇を中心とした中央集権国家の建設を目指したものと言っていいでしょう。その手本となったのが唐の律令《りつりょう》制です。舒明天皇の二（六三〇）年に第一回の遣唐使が始まり、以後、寛平《かんぴょう》六（八九四）年まで二十回にわたって続きます（回数については諸説あり）。これによって、唐の文化や制度が日本に入って来ました。そうしたものを参考にして、日本は律令国家に変わったのです。戸籍や防人《さきもり》（辺境警備の兵）の制度も大化の改新によってできあがりました。この改革をリードして古代日本の近代化をはかったのが天智天皇だったのです。

この天智天皇が皇太子であった時代には対外戦争もありました。朝鮮半島の南にあった百済が唐と新羅の連合軍に攻められ、六六〇年に滅ぼされました。百済の王子・豊璋王は日本に逃げ落ちました。その後、百済では生き残った人たちによる復興運動が起こり、友好関係にあった日本に助けを求めてきました。この要請を受けて、六六一年、日本は豊璋王とともに三派に分かれて朝鮮半島に軍を派遣し、唐・新羅の連合軍と戦うのです。

しかし、六六三年八月、白村江《はくすきのえ》の戦いで大敗を喫し、百済の遺民を連れて日本に帰還します。白村江の戦いに敗れた後、中大兄皇子は大陸からの侵略を想定して筑紫に水城《みずき》（水を溜めた大規模な堤《つつみ》）をつくり、壱岐《いき》・対馬《つしま》・筑紫などに烽《ほう》（敵の来襲を知らせる烽火《のろし》を上げる設備）・防人を備えました。またおそらく国防上の理由で都を飛鳥《あすか》から近江大津に移しました。守りを固め、国力の充実をはかることにしたのです。これらは白村江の戦いに敗れたことから得た教訓です。

【壬申の乱】

女帝が出現する背景には必ず皇室の争いがある

天智天皇は即位後わずか四年弱で崩御されました。生前、天智天皇は息子の大友皇子《おおとものおうじ》を皇太子として立て、跡を継いでもらいたいと考えていました。しかし、まず弟の大海人《おおあまの》皇子《おうじ》に打診をしました。大海人皇子は天皇の心中を察したのか、この要請を固辞して剃髪《ていはつ》して僧籍《そうせき》に入りました。これによって、六七一年に天智天皇の崩御した後、大友皇子が第三十九代弘文《こうぶん》天皇として近江の都で即位されたと考えられます。

ところが、天智天皇が亡くなりますとすぐに大海人皇子が吉野から帰ってきて反乱を起こし、弘文天皇を殺害してしまいました。壬申《じんしん》の乱です。弘文天皇の御世《みよ》はわずか七か月で終わります。あまりにも短い期間で終わったため、大友皇子は即位しなかったのではないかという学説があって、長い間、大きな問題となりました。

この問題に決着をつけたのは水戸黄門《こうもん》として知られている徳川光圀《みつくに》です。江戸時代に『大日本史』という膨大な歴史書を作るときに、光圀はさまざまな資料にあたり、弘文天皇が即位されていたことを確認したのです。その結果、明治三（一八七〇）年になって正式に第三十八代天智天皇の次の天皇は第三十九代弘文天皇とされ、第四十代に大海人皇子が即位して天武《てんむ》天皇になったという形に落ち着きました。

この天武天皇の後はしばらく女帝の時代が続きます。第四十一代持統《じとう》天皇、第四十三代元明《げんめい》天皇、第四十四代の元正《げんしょう》天皇はいずれも女性天皇です。皇室に難しい問題が起こると一時的に女性を天皇にして宥和をはかるというのは古代の皇室の習慣であったようです。崇仏派と廃仏派が対立したときに推古天皇が天皇になったのもそうでしょう。

天武天皇の後の女帝の時代で特筆すべきことは、日本の歴史の記述が始まったことです。天智天皇が中大兄皇子であった頃に蘇我氏を滅ぼしたことは先に触れましたが、蘇我蝦夷が自宅に火を放って自害をしたとき、聖徳太子が蘇我馬子と一緒に編纂したといわれる『天皇記』『国記』という歴史の記録が焼失してしまったといわれます。

それを天智天皇は悔しがったと思いますが、弟の天武天皇も非常に惜《お》しまれて、もう一度ちゃんとした日本の歴史を作ろうということになり、歴史編纂事業に取り掛かるのです。それは天武天皇の生前には完成しませんでしたが、和銅五（七一二）年、天智天皇の娘の元明天皇の時代に『古事記』として献上されることになりました。

それから八年後、今度は天武天皇の孫の元正天皇のもとで『日本書紀』の編纂事業が始まり、養老四（七二〇）年に完成します。いずれも女性の跡継ぎが天武天皇の遺志《いし》を継いで、日本の歴史の編纂を始め、後世に残る立派な歴史書を完成させたのです。

【古事記】

漢字の音によって日本語を表すことを考えた太安万侶の大発明

現存する日本最古の歴史書となったのが『古事記』です。『古事記』は古代の日本の歴史を知るために欠かせない史料であるのはもちろん、日本の文化に大きな影響をもたらした超重要な本です。

序章でも触れましたが、稗田阿礼という特殊な暗記能力の持ち主がいました。この稗田阿礼に天武天皇が歴代天皇や皇室の記録を記した『帝紀』、各氏族に伝わった歴史を記した『旧辞』などの歴史書（現存せず）の誦習《しょうしゅう》を命じました。そして元明天皇は稗田阿礼に暗記した古代の歴史を誦させ、それを太安万侶が筆録していきました。そうしてできあがったのが『古事記』です。太安万侶は実在の人物で、昭和五十四（一九七九）年に奈良市此瀬《このせ》町の茶畑から墓が見つかっています。

太安万侶は漢文がよくできました。『古事記』の序文は漢文で書かれていますが、堂々たるものです。太安万侶は稗田阿礼が語る古代の日本語をなんとか漢字で書けないだろうかと考えました。そこで思いついたのは、漢字の意味は無視して、その音を日本語に一つずつ当てて表すという方法でした。かなり無理をしたものもありますが、とにかく漢字を使って日本語を表そうという工夫をしたのです。

ただし、すべての文章をこの形式で書くと長たらしくなるので、漢語で簡略化できるものは漢語を使い、漢語では表現できないところは漢字を表音文字として用いるという和漢混在方式をとりました。一例をあげると太安万侶は次のような書き方をしたのです。

次國稚如浮脂而、久羅下那州多陀用弊流之時（流字以上十字以音）

これは「次に國稚《くにわか》く浮きし脂《あぶら》の如《ごと》くして、海母《くらげ》なす漂へる時（「流」の文字以上の十字は音《おん》を以てす）」と読みます。カッコの中に「流」から上の十字は音で読むとわざわざことわっているように、「久羅下那州多陀用弊流」は「くらげなすただよえる」と読むのだと言っているのです。

これは画期的《かっきてき》なことでした。なぜかというと、ここから漢文を仮名で表す、すなわち日本語に変換することができるようになったからです。この太安万侶の手法を徹底して、漢字を「発音記号」として用いたのが、『万葉集』の万葉仮名《がな》です。そして、この万葉仮名が発達して片仮名と平仮名の仮名文字が生まれ、日本独自の仮名文化が花開くことになったのです。

同時に、古代シナ文明の所産《しょさん》である漢文で書かれた書物を日本語に変換して、日本文明の中に消化吸収することができるようになりました。

たとえば『論語』に「朋《とも》あり、遠方《えんぽう》より来《きた》る、亦《また》楽しからずや」とあります。これは原文の「有朋自遠方来、不亦楽乎」を日本語に置き換えたものですが、これができるようになったのは、太安万侶が古代日本語を漢字の音で表すという発明をしてくれたおかげです。安万侶がそういう工夫をしなければ、果たして日本に仮名文化が生まれたかどうかはわかりません。

比べる必要もないのですが、韓国では漢文が読めるのは両班《りょうはん》というごくわずかな上流階級の人たちだけでした。しかし彼らは漢文を漢文として読んだだけでしたから、漢文から朝鮮文学が生まれることはありませんでした。今はハングルがありますが、これができたのは日本の足利《あしかが》時代です。それも無理して作ったために、一部の人が使っただけで普及しませんでした。ハングルが普及したのは二十世紀に入って日本が韓国を統治していた時代ですから、歴史的にはごく最近の話です。

漢文化、漢文学がそのまま普及したところでは自国の文学は生まれなかったと思います。朝鮮でも漢文で書いた学術書はありますし漢詩もありますが、ハングルが定着するまでは朝鮮文学と呼べるような独自のものはありませんでした。

それに比べ、日本には仮名文化、日本語による文化が早くから確立されていたため、漢文化や漢文学の研究と実践（漢詩をつくるといったこと）がそのまま国文学の肥料となりました。日本人が漢文学を学べば学ぶほど、日本文学が豊かになっていったのです。

こうしたことを考えると、太安万侶が日本の歴史にとっていかに大きな働きをしたかがわかります。

『古事記』の解読に成功した本居宣長の偉業

ところが、元明天皇が早くに亡くなり、元正天皇に代わってしまったことから問題が起こりました。これによって、せっかくできあがった『古事記』を十分に普及できず、『古事記』を読む人がいなくなってしまったのです。そのため『古事記』の写本《しゃほん》は極めて少なく、あまりに少ないので偽書なのではないかという説が唱えられたこともあります。

幸いにして江戸時代中期になると国学が盛んになり、本居宣長《もとおりのりなが》が『古事記』をほぼ百パーセント正確に読み解き、それを三十五年かけて『古事記伝』という注釈《ちゅうしゃく》書にまとめました。『古事記』の成立が和銅五（七一二）年ですから、『古事記伝』が刊行され始めた寛永二（一七九〇）年までは千年以上の時間が経過しています。その間、ほとんど誰も読むことができなかった『古事記』が本居宣長のお陰《かげ》でようやく読めるようになったわけです。

宣長は医者が本業でしたから食べるには困らなかったのでしょうが、三十五年もかけて読むというのは普通の人にできることではありません。宣長の努力があってこそ、我々は今『古事記』を自由に読むことができるわけですから、ありがたいと言うしかありません。本居宣長は日本人が忘れてはならない人の一人だと言っていいでしょう。

宣長は古代日本人の話していた古語を理解するために、古語で和歌を作る訓練までしています。宣長の歌は下手だという歌人もいますが、それは全く見当《けんとう》ちがいで、宣長は別に上手な歌を作ろうと思ったわけではないのです。

ただ、宣長の名誉のために付け加えますと、

「しき嶋のやまとごゝろを人とはゞ朝日にゝほふ山ざくら花」

という後世に残る有名な歌も作っていますから、決して和歌の才能がなかったわけではありません。

■ひらがなの字源となった漢字

あ 安	い 以	う 宇	え 衣	お 於
か 加	き 幾	く 久	け 計	こ 己
さ 左	し 之	す 寸	せ 世	そ 曽
た 太	ち 知	つ 川	て 天	と 止
な 奈	に 仁	ぬ 奴	ね 祢	の 乃
は 波	ひ 比	ふ 不	へ 部	ほ 保
ま 末	み 美	む 武	め 女	も 毛
や 也		ゆ 由		よ 与
ら 良	り 利	る 留	れ 礼	ろ 呂
わ 和	ゐ 為		ゑ 恵	を 遠
ん 无				

【万葉集】

天皇から下層民まで、『万葉集』の採用基準は「和歌の前での平等」

『古事記』が完成した八年後の養老四（七二〇）年、元正天皇の時代に『日本書紀』が完成しました。編纂に当たったのは舎人親王《しんのう》という皇族です。『日本書紀』は『古事記』ができあがった以降に新たに見つかった氏族の記録や地方に伝わる物語、個人や寺に残る記録などの内容を吟味《ぎんみ》して編纂した歴史書です。『古事記』と違うところは、地の文を漢文にしたことです。また、同じ事柄が違うふうに伝わっている場合には「一書に曰く」という形式で、その異説をすべて並列的に示しています。これは歴史の書き方として非常にフェアな書き方と言っていいでしょう。

『日本書紀』が漢文で書かれたのは、『古事記』とは違って誰でも読めるように、という意識があったと考えることができます。ただし、無数に出てくる神様の名前や人の名前、地名、それからたくさん出てくる長歌短歌は『古事記』に倣《なら》ってすべて日本語の発音で残しました。このときにたくさんの歌が日本語の発音で残ったからこそ、後に『万葉集』が出てくることになったのです。

『万葉集』の端書《はしがき》は漢文で書かれています。しかし、二十巻の歌のほとんどすべてが大和言葉です。これは古代の日本語を知るうえでもありがたいことです。一方、『日本書紀』は漢文ですから宮廷でずっと読み継がれ、『日本書紀』の後にも『続日本紀《しょくにほんぎ》』など皇室の歴史を記録するという習慣が残りました。また日本の貴族たちは家系を重んじるため、自分たちの家の日記を残しています。武家時代になれば鎌倉の日記などが残っていますし、日本は意外にも文献が豊富な国になっているのです。

そうした文献の中でも私が日本の誇りと思っているのが、現存する日本最古の和歌集である『万葉集』です。『万葉集』は七世紀後半から八世紀後半に成立したとされ、二十巻がすべて完成したのは延暦《えんりゃく》二（七八三）年頃と言われています。編者は大伴家持《おおとものやかもち》とするのが有力ですが、諸説あります。私が『万葉集』を誇りに思うのは、ほとんどすべてが大和言葉で作られているという点です。つまり、この時代にすでに日本固有の文学ができあがっていたということです。

また『万葉集』の内容の素晴らしさは、なんといっても上は天皇から下は売笑婦《ばいしょうふ》の歌まで分け隔《へだ》てなく収録されているという点です。どういう基準で歌を選んだのか、長い間、議論になってきました。ただ単純に上手な歌だから選んだという説が多いようですが、私は「歌に言霊《ことだま》（＝言葉に宿る力）が響いているかどうか」を重視したのではないかと考えています。言霊が響く歌であれば、誰の歌であろうが差をつけることなく、平等に入れたのではないかと思うのです。

平等の基準というものがあるとすれば、それは国や文化によって違うように思います。たとえば、古代ローマでは法律の前では万人が平等でした。あるいはキリスト教圏では神様の前では皆、平等です。そう考えると日本の場合、言霊の前では平等、別の言い方をすれば、和歌の前では平等だったのではないかと思うのです。

昔は言霊というものがまだ生き生きとしていたのでしょう。『万葉集』の中に山上憶良《やまのうえのおくら》の

「神代より言ひ伝て来らくそらみつ大和の国は皇神の厳しき国言霊の幸はふ国と語り継ぎ言ひ継がひけり」

という歌があります。ここに「言霊の幸はふ国」とあるように、当時の日本は言霊というものが大きな力を持っていたと思われます。そういう言霊の力を持った歌を選んで『万葉集』に入れたため、あらゆる人々の歌が収められた、つまり和歌の前での平等が実現したのではないかと思うのです。

ついでに言っておくと、山上憶良が朝鮮系であるといった万葉学者がいます。それはおかしな話です。どうして外国人がわざわざ大和の国は言霊の国と歌うでしょうか。しかも憶良は三韓征伐を讃《たた》える歌も作っているのですから、外来人であるはずはありません。

《コラム2》　奈良から明治まで続いた大宝律令

大宝元《たいほう》（七〇一）年、唐の律令制度を参考にして、藤原不比等《ふひと》らの手によって日本で初めて律（刑法）と令（行政法など）を備えた大宝律令が完成しました。そして、天平宝字元《てんぴょうほうじ》（七五七）年には藤原仲麻呂《なかまろ》が中心となって、大宝律令を改修した養老律令が施行されました。

この大宝律令と養老律令により、日本の政治体制の基本が定まりました。興味深いのは、この八世紀初めから半ばに作られた法律が明治まで続いていったことです。明治初期の太政官布告《だじょうかんふこく》・太政官達《だじょうかんたつし》がそれです。

明治十八（一八八五）年十二月二十二日に伊藤博文を初代総理大臣として初めて組閣《そかく》が行われました。これによって日本政府ができました。そして明治二十二（一八八九）年には大日本帝国憲法が公布されて日本は近代国家の形を整えましたが、現在に至るまで、この太政官布告・太政官達として公布されたものの一部は効力を持っています。奈良時代に成立した大宝律令や養老律令に源がある制度の名残が現代になってもなお存続《そんぞく》しているというところに、改めて皇室を縦糸として紡《つむ》がれてきた日本の歴史の長さを感じないわけにはいきません。

【藤原時代】

初めて臣下から皇后を出した藤原氏の女子教育

大宝律令の制定に携わった藤原不比等は、天智天皇から藤原姓を賜《たまわ》った藤原鎌足（中臣鎌足）の子です。父の鎌足が天智天皇の腹心《ふくしん》であったことから、不比等も天智天皇側の人間と見られても当然なのですが、不比等は天武天皇以降しばらく続いた天武天皇系の宮廷に仕えて「藤原時代」を築きました。

不比等は娘を天皇に嫁《とつ》がせるという結婚政策によって宮中で力をつけていきました。自分の長女宮子《みやこ》（賀茂朝臣比売《かものあそんのひめ》）を第四十二代文武天皇に嫁がせ、この宮子が首皇子《おびとのみこ》を産みました。

この首皇子が聖武《しょうむ》天皇となると、今度は女官の県犬養橘三千代《あがたいぬかいのたちばなのみちよ》との間に生まれた末娘の安宿媛《あすかべひめ》を嫁がせました。安宿媛は光明子《こうみょうし》とも呼ばれ、聖武天皇の妃、光明《こうみょう》皇后となります。つまり、聖武天皇の母と妻はいずれも不比等の子で、異母姉妹という関係になるのです。

それまでは皇后になる人はすべて皇族の出身でしたが、光明皇后は初めて臣下から皇后になられました。これが一つの転機になって、その後はずっと皇后は藤原氏の出身の方が続き、藤原氏とかかわりのない皇后が出たのは今の皇后陛下までありませんでした。藤原氏の女子はいずれも天皇の后になるのが最高の名誉と考えるような育ち方をしています。ですから日本の皇后に悪い人はいないのです。

ローマでは皇后が夫である皇帝を殺すようなことがありましたし、同じことは中国でもよくあった話です。しかし、日本の皇后は天皇に仕えるのが当然という考え方ですから、そういう陰謀《いんぼう》はあり得なかったのです。

日本の皇后のあり方がそのようなものになったのは、藤原家の女子教育が徹底していたためです。

とにかく天皇に仕え、天皇に娘を嫁がせ、天皇の子を産ませて、その子を天皇にしたいというのが藤原家当主の一番の夢でした。それが最も明らかな形で現れたのが、後でも述べる平安時代の藤原道長です。

【奈良の大仏】

官民一体になって造り上げた世界一巨大な鋳造仏

聖武天皇の妃となった光明皇后は仏教を深く信心《しんじん》していました。聖武天皇に東大寺や国分寺を建てることを進言《しんげん》したとも言われていて、ご自身も数多くの寺院の創建《そうけん》にかかわりました。

このような光明皇后がおられたこともあり、奈良時代には仏教が栄えました。東大寺の大仏（盧舎那仏《るしゃなぶつ》）の建立《こんりゅう》が始まったのも聖武天皇の時代の天平《てんぴょう》十五（七四三）年であり、大仏が無事に開眼《かいげん》したのは聖武天皇の子である孝謙《こうけん》天皇の時代の天平勝宝《しょうほう》四（七五二）年でした。

この大仏には日本の特徴がよく表れています。それは、その巨大さです。東大寺大仏殿は「三国一の大伽藍《がらん》」と言われ、唐にもインドにもこれ以上の規模のものはありませんでした。そして、そこに安置されている「奈良の大仏」には約五百トンの熟銅《じゅくどう》と約四百四十キロの金が使われています。

仏教はインドで興って、西域を通ってシナ、朝鮮を経て日本に渡ってきました。しかし、あれほどの大きな仏像はどこにもありません。大仏という名の通り、桁《けた》違いの大きさです。

山肌《やまはだ》に彫《ほ》り込んだ仏像で大きなものはバーミヤンや雲崗石窟《うんこうせっくつ》などにもありますが、鋳造技術によってあそこまで大きくしたのは世界でも稀と言っていいでしょう。また、大仏殿の左右には七重の塔が建てられていました。いずれも百メートル級の高さで、当時としてはエジプトのピラミッドに次ぐ世界第二位の建造物でした。

この盧舎那仏を造るために日本中から技師《ぎし》が集まりました。完成までに携《たずさ》わった人数は延べ二百六十万人とも言われます。素晴らしいのは、その人たちが自らの意思で大仏建立のために全国から集まってきたことです。

その理由は聖武天皇の「大仏造営の詔《みことのり》」に述べられています。聖武天皇はその中で、「天皇である自分は富も力も持っているから、それを使って大仏を建立することもできる。しかし、それではありがたみがない。むしろ仏教を信ずる者たちが一枝の草、一握りの土でもいいから資材を持ち寄って、みんなで建設したいのだ」と述べています。

この天皇の詔によって偉いお坊さんたちが全国を回り、協力して皆で建てることを実現したのです。要するに、奈良の大仏は挙国一致《きょこくいっち》で建立されたのです。衆生が一致してやろうというのは実に画期的な発想でした。これも日本に独特なあり方であったと言っていいでしょう。

【正倉院】

慈愛に満ちた光明皇后が残した世界最古の博物館

聖武天皇の妃であった光明皇后は仏教への信仰があつかっただけあって、非常に慈愛深い方でした。自ら悲田院《ひでんいん》（貧しい人たちに施しをする施設）や施薬院《せやくいん》（医療施設）を造り、慈善活動を行いました。

ハンセン病患者の傷を洗ってあげたという話も残っています。ハンセン病というのは、今でこそ治る病気になっていますが、昔はどこの国でも非常に嫌がられたようです。だから西洋でも、聖女と呼ばれた人の伝説にはしばしばハンセン病の患者を介抱《かいほう》してあげたという話が残っています。光明皇后にも、ハンセン病患者の膿《うみ》を自ら口で吸い出したところ、その人が急にお釈迦様になったとか観音様になったという伝承が残っています。

また、光明皇后の忘れ難き功績には正倉院《しょうそういん》を残したこともあげられます。正倉院は地上の宝物《ほうもつ》を収蔵した世界最初の博物館です。

たとえば中国で博物館を造ろうと思えば古いものはいくらでも並べられるでしょうが、それらは地面を掘った地下から出てきたものです。ところが正倉院は、聖武天皇が亡くなった後、光明皇后が天皇のゆかりの品々やご自身でお書きになったものなど、日常の中で使われたものが納められています。

つまり、八世紀半ば頃に書かれた字や、使われた筆や着物などといった日常生活の品々が納められているのです。こんなに古い時代の品物がそっくりそのまま残っている博物館など世界のどこを探してもありません。

そして、そこに収められている一万点もの品々は、すべてその当時のまま、十二世紀以上にわたって非常によい保存状態で残されています。ガラス器などのような腐らないものだけでなく、楽器や楽譜や織物や面や紙に書かれたものなど、すぐに腐ってしまいそうなものまで残っているのです。織物にラクダやライオンやトナカイの模様があることまでわかっています。

これは日本人の古いものに対する尊敬心の表れであると言っていいでしょう。同時に、それだけ古いものを保存し続けた保存能力の高さは大したものだと思います。世界から見れば、古い遺跡や文物がいまだに残っている日本という国全体が正倉院みたいな感じがするかもしれません。

私も書を少し習いましたが、その手本に光明皇后の字がありました。その慈悲深い性格から優しい字かと思いきや、男が書いたような力強い字でした。

【百万塔陀羅尼】

グーテンベルクより六百五十年前に実在した世界最古の印刷物

聖武天皇から譲位されて皇位を継いだのは、聖武天皇と光明皇后の娘である孝謙天皇でした。すなわち女帝です。孝謙天皇は聖武天皇の事業を引き継いで大仏を完成させるなど非常に力がありました。

しかし、皇太子として誰を立てるかということで宮中に対立があり、結局、孝謙天皇の寵愛《ちょうあい》を受けていた藤原仲麻呂《なかまろ》の推《お》す舎人親王の子の大炊王《おおいおう》が皇太子となりました。これに不満を抱き、孝謙天皇の廃位《はいい》を目論《もくろ》むグループがクーデターを起こそうとしました。天平宝字《ほうじ》元（七五七）年の橘奈良麻呂《たちばなのならまろ》の変ですが、これは失敗に終わりました。

天平宝字二（七五八）年、孝謙天皇は光明皇太后の病気看病を理由に皇位を四十七代淳《じゅん》仁《にん》天皇（舎人親王の子の大炊王）に譲り、自らは上皇となりました。しかし、政治の実権は淳仁天皇を擁立した藤原仲麻呂が握るようになり、上皇との間に対立の機運《きうん》が生じました。

天平宝字四（七六〇）年、光明皇太后が亡くなります。その翌年、孝謙上皇は病に臥《ふ》せります。このとき、看病にあたったのが弓削道鏡《ゆげのどうきょう》という法相宗《ほっそうしゅう》（奈良時代に栄えた南部六宗の一つ）の僧でした。道鏡の祈禱《きとう》によって健康を取り戻した上皇は道鏡を寵愛するようになりました。仲麻呂の助言もあり、淳仁天皇が上皇と道鏡の関係に注意を促したことから、上皇と天皇の間がぎくしゃくするようになりました。

天平宝字六（七六二）年、上皇は自らが政務を執ることを宣言しました。上皇・道鏡と天皇・仲麻呂の勢力争いが表面化してきたわけです。

天平宝字八（七六四）年、ついに藤原仲麻呂が挙兵《きょへい》しました。これを恵美押勝《えみのおしかつ》の乱と言います。しかし、孝謙上皇が淳仁天皇から軍事指揮権の象徴である鈴印《れいいん》を取り上げたため、仲麻呂は朝敵《ちょうてき》（朝廷に反抗する者）とされて、滅ぼされることになりました。後ろ盾を失った淳仁天皇は仲麻呂との関係から廃位となり、淡路国《あわじのくに》（今の兵庫県淡路島）に流されました。その後、孝謙上皇が再び天皇となり（これを重祚《ちょうそ》という）、称徳《しょうとく》天皇として皇位に復帰しました。

恵美押勝の乱を鎮圧した後、おそらく称徳天皇は寝覚めの悪い思いをされたのでしょう。国家の鎮護と、乱によって命を落とした兵を弔《とむら》うために百万塔陀羅尼《ひゃくまんとうだらに》を造りました。これは陀羅尼（仏教の一種の呪文）を百万枚印刷して、それを一つずつ小さな木製の三重塔に入れ、十の大きな寺に十万ずつ奉納したというものです。

当時、百万部も印刷ができたのだろうかという疑問があるかもしれませんが、その実物が今も残っています。寄付をした十の寺のうちの九つの寺に納められたものは焼けたり散《さん》逸《いつ》したりして残っていませんが、法隆寺にまだ四万個以上が残っているのです。

これは偶然と言ってもいいような奇跡的なことです。というのも、百万塔陀羅尼は寺に寄付をした人などに与えたため、どんどん減っていったのです。しかし、法隆寺に四万個以上が残っているということは、他の寺にも十万ずつ納めたというのは事実であったのだろうという強い推測が成り立ちます。

非常に重要なことはこの陀羅尼が印刷物であるという点です。百万部ともなると（いや、たとえ四万部であったとしても）、短いお経でも一枚一枚手書きしていくのは無理がありま す。間違いなく木版を使って印刷したのです。ドイツのグーテンベルクが活版印刷の技術を発明したのが十五世紀半ばです。百万塔陀羅尼の完成は七七〇年ですから六百五十年以上先んじているわけです。だから百万塔陀羅尼が世界最初の印刷物と言っていいのです。

これは世界的にも認められています。世界の愛書家でも百万塔陀羅尼を所有するのが自慢になっています。私はフランスの愛書家が大威張りで百万塔陀羅尼を飾っているのを見たことがあります。

奈良時代というのは世界に類のない大きな銅像を造ったり、世界に類のない百万部もの印刷物を刷《す》ったり、とんでもない時代だったのです。

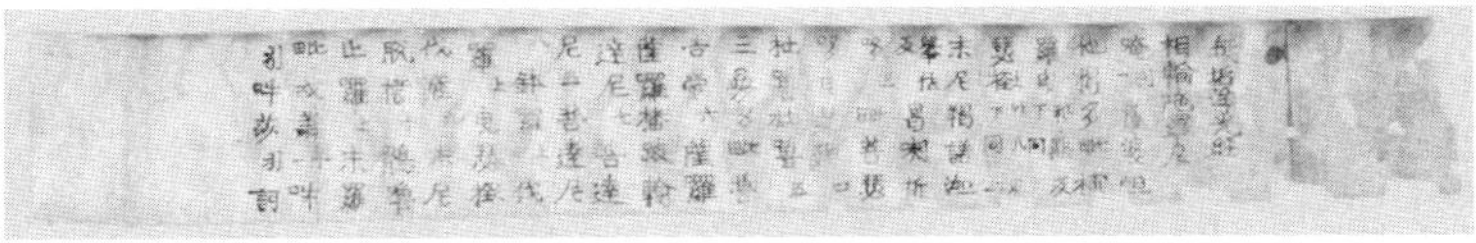

小さな木製の三重塔（上）と、塔の中に納められている
世界最古の印刷物である陀羅尼（下）

写真提供：国立国会図書館

【和気清麻呂】

皇位を奪い取ろうとした道鏡の謀略を阻止した和気清麻呂の活躍

称徳天皇の時代に、皇室の存亡の危機とも言えるとんでもない事件が起こりました。これは日本の皇室の歴史上、二回目の危機です。一回目の危機は、仏教を背景にして強大な権力を手にした蘇我氏が入鹿の時代に皇位を奪おうとしたときです。これを潰したのが中大兄皇子と中臣鎌足であったことはすでに述べたとおりです。

ところが今回はもっとおかしな話でした。中心となったのは法相宗の僧であった弓削道鏡です。道鏡は病気になった称徳天皇のために祈禱を行って病を癒《い》やしました。これをきっかけに天皇の寵愛を受けて出世の階段を昇り、藤原仲麻呂を滅ぼした後には太政大《だじょうだい》臣禅師《じんぜんし》になりました。司法・行政・立法を司る国家の最高機関の最高位に就いたのです。さらには宗教上の最高指導者である法王にもなっています。

称徳天皇は自分の後に道鏡を天皇にすれば仏法にも適うのではないかと思ったようです。そんなときに、宇佐《うさ》の神官であった中臣習宜阿曾麻呂《なかとみのすげのあそまろ》という男が「道鏡を天皇にすれば天下が泰平になる」という宇佐神宮の神託があったことを奏上しました。称徳天皇はそれを信じてもいいものかと不審に思われ、神託の真偽を確かめるためにお気に入りの女官・

和気広虫《わけのひろむし》の弟である和気清麻呂《きよまろ》を宇佐八幡宮に派遣することにしました。道鏡は宇佐八幡宮に出かける前に清麻呂を呼びつけて、「もしお前が神託は間違っていなかったと報告するならば大臣に取り立てよう。もしそうしなければそのときは……」と脅しました。

清麻呂が宇佐八幡宮に行って改めて神託を聞いたところ、それは「天津日嗣は必ず皇緒を立てよ。無道の人は宜しく早く掃除《そうじょ》すべし」というものでした。道鏡を排除すべしという、正反対の内容だったのです。清麻呂は神託をそのまま天皇に奏上しました。

それを聞いた称徳天皇は怒りました。寵愛する道鏡を排除せよというのが気に入らなかったのでしょう。清麻呂を左遷《させん》したうえで別部穢麻呂《わけべのきたなまろ》と改名させて、九州の大隅国《おおすみのくに》(今の鹿児島県)に流しました。ちなみに姉の和気広虫も別部広虫売《ひろむしめ》と改名させられ、備後《びんごの》国《くに》(今の広島県)に配流《はいる》させられています。

遠方の九州にまで流すというのは、暗にその途中で殺すということを意味していました。ところが清麻呂の家に残る伝記によれば、殺されそうになったときにイノシシが三百匹出てきて助けてくれたというのです。もちろん、本物のイノシシが出てきて助けてくれたわけではないでしょう。それは土地土地の人々だったと思います。そういう人たちが清麻呂を助けてくれて、無事に大隅までたどり着くことができたというのです。

その背景には道鏡の皇位継承を阻止《そし》したい藤原氏の助力《じょりょく》があったようです。藤原氏は大隅に流されていた清麻呂にも仕送りを続けていました。藤原仲麻呂の乱によって宮中での力を失っていた藤原氏ですが、藤原百川《ももかわ》という才能ある人物が現れて、勢力の回復をはかっていたのです。神護景雲四（七七〇）年に称徳天皇が崩御すると、百川らによって道鏡は下野国《しもつけのくに》（今の栃木県）に流されることになりました。宇佐八幡宮の正しい神託が道鏡を排斥する口実《こうじつ》となったわけです。道鏡が失脚《しっきゃく》する一方、清麻呂は都に戻され、無事復位を果たしました。また姉の広虫も都に帰ってきました。

この宇佐八幡宮神託事件は、日本の歴史を変えかねない重要な事件でした。それを救ったのが和気清麻呂であったということで、戦前の高額紙幣《しへい》である十円札（今なら一万円札と同等の価値）の肖像画には和気清麻呂が刷られていました。そしてそこにはイノシシも描かれていました。私の親の世代は、十円札のことをイノシシと呼んで、どこかへ出かけるときには「イノシシ一枚あれば足りるだろう」と言っていました。

称徳天皇が亡くなった後は、天智天皇系の第四十九代光仁《こうにん》天皇が即位し、藤原百川が政務の中心となりました。天応《てんおう》元（七八一）年、光仁天皇は息子である山部王《やまべのおおきみ》に譲位し、山部王が桓武《かんむ》天皇として即位しました。これにより皇統は天智天皇系に完全に戻ることになりました。

桓武天皇は即位後に平城京から長岡京へ都を遷《うつ》しましたが、さらに延暦十三（七九四）

年には平安京へと都を遷しています。これには桓武天皇の側近《そっきん》として仕えた和気清麻呂の助言もあったようです。清麻呂は自ら造営大夫となって平安京の建設に尽くしました。

清麻呂は延暦十八（七九九）年に亡くなりますが、彼の家は学問を中心に栄えました。清麻呂の子の広世《ひろよ》や真綱《まつな》は最澄や空海とも交流を持ち、神護寺という神を守る寺を建てています。これは道鏡事件の反省から二度と仏教が皇室を侵《おか》すことがないようにしようとする工夫です。清麻呂の子どもたちの努力によって、仏教は皇室に対して危険な存在になることはなくなり、主な仏教はみな皇室と固く結び付くようになっていきました。

また道鏡事件のもう一つの教訓は、皇室内で女帝を警戒する空気が生まれたことです。天武天皇の後はたくさんの女帝が出ましたが、称徳天皇の後は約八百六十年後の徳川時代初期に出た第百九代明正《めいしょう》天皇まで女帝は現れていません。このときは後水尾《ごみずのお》天皇が徳川家の無礼に腹を立てて次女の興子内親王《おきこないしんのう》に譲位をしたため女帝が誕生したのです。

そのあとの百十七代後桜町天皇も女帝です。後桜町天皇は先代の桃園《ももぞの》天皇の意を受けて皇位に就きましたが、これは桃園天皇の子がまだ五歳と幼かったために一時的に皇位に就いたのです。そして、後桜町《ごさくらまち》天皇以後、現在まで女帝は出ていません。これはやはり道鏡事件の反省で、女帝は危ないという認識が皇室に残ったためではないかと考えられます。

【菅原道真】

学問の神様として有名な菅原道真は怨霊として恐れられていた

延暦十三（七九四）年の平安遷都によって平安京、すなわち今の京都が都となりました。これ以降、京都は明治になるまで日本の都として続くことになります。平安京の時代については いろいろな評価がありますが、非常に平和な時代であったと言っていいと思います。平安時代は約四百年続きますが、宮廷関係の争い事で死刑になった人は一人もいませんでした。これは世界にも類のないことだと思います。

そういう平和な時代が続いたというのは、平安京をつくった桓武天皇が偉かったこと、また征夷《せいい》大将軍に任じられた坂上田村麻呂《さかのうえのたむらまろ》という武将が東北の蝦夷征伐をしたこと、さらに検非違使《けびいし》という警察の役目をする役人を置いて京都の治安維持と民政を任せたことなどが理由としてあげられるでしょう。そして宮中では藤原氏が完全に政治を掌握《しょうあく》したため、多少の揉め事があっても人を殺すようなことにまではならなかったのだろうと思われます。

この時代に多少の波風が立った事件としては、平安時代中期に関東で起こった平将門《たいらのまさかど》の乱、瀬戸内で起こった藤原純友《すみとも》の乱がありますが、いずれも短期間で終息《しゅうそく》しています。

むしろこの時代の争いとして最も有名なのは、今では受験の神様として知られる菅原道《すがわらのみち》真《ざね》が大宰府《だざいふ》に左遷された事件です。

菅原道真は儒家《じゅか》の家に生まれ、幼少より漢文をよくし、優れた漢詩を作りました。文章生《もんじょうしょう》から文章博士となり、宇多《うだ》天皇の信任があつく、とんとん拍子で出世していきました。この道真の仕事で特に重要なものは、寛平《かんぴょう》六（八九四）年、遣唐大使《けんとうたいし》に命じられたときに遣唐使の廃止を建議《けんぎ》したことです。

大陸との交渉は聖徳太子の遣隋使に始まりますから、随分《ずいぶん》長い期間続いてきました。しかし、道真の頃の唐は末期に差しかかり、国が乱れていて、わざわざ出かけてまで学ぶことはないという情報が入ってきていました。遣唐使というのは東シナ海を船で行きますから意外に犠牲が多かったのです。学ぶべきものもないのに危険を冒して行くのは無駄であるというので、道真は遣唐使の廃止を建議したわけです。的確な判断だったと思います。

その道真の左遷は世間を驚かせたことでしょう。これは、道真の出世が早かったことを妬《ねた》んだ左大臣藤原時平《ときひら》が時の醍醐《だいご》天皇に「道真が天皇の廃位を画策している」という讒言《ざんげん》（嘘の告げ口）をしたことにより起こりました。無実の罪を着せられた道真は大宰府に流され、二年後に無念の死を遂げます。その後、時平が三十九歳の若さで病死し、都にも災厄《さいやく》が続きました。「道真の祟《たた》りではないか」と都の人たちは恐れました。これを鎮めるために、道真は天神様として祀られるようになったのです。

【紫式部】

国文学勃興の時代に生まれた世界初の長編小説『源氏物語』

遣唐使の廃止によって大陸との関係がいったん切れたことによって、国風文化と呼ばれる優美な日本文化の時代がますます促進されるようになりました。長期の平和が続いていたところに、なまじっか外国からの影響がなくなったために、国文学が勃興《ぼっこう》したのです。

日本では不思議なことに天皇の命により編纂された勅撰集《ちょくせんしゅう》は、和歌よりも漢詩が先に出ました。その最初となったのは平安時代の初め、弘仁《こうにん》五（八一四）年に嵯峨《さが》天皇の命によって編纂された『凌雲集《りょううんしゅう》』です。和歌の勅撰集としては、延喜《えんぎ》五（九〇五）年に醍醐天皇の命により出された『古今和歌集』が最初です。

この『古今和歌集』が出た頃には、すでに『伊勢物語』や『竹取物語』がつくられています。また平安中期には女性として世界で初めて長編小説を書いた紫式部《むらさきしきぶ》の『源氏物語』、同じく世界で初めてのエッセイ集である清少納言《せいしょうなごん》の『枕草子』などが出ています。

この頃になると日本は世界に冠たる文化国家になっていました。たくさんの女性歌人、男性歌人が出ました。これほど男女を分かたず文化が盛んになった時代は世界にはないと断言できます。

たとえばシナでは古くから文化があったように思いますが、その内容を見ると孔子の時代の文化に注釈をつけることが主になっています。小説が出たのは明《みん》の時代になってからですからずっと後の話です。西洋に目を転じても、イギリスではアフラ・ベーンという女性作家が十七世紀にいたことが知られていますが、その作品はほとんど誰も読みませんでした。一般に知られている女性作家は十八世紀のジェーン・オースティンあたりからになります。『源氏物語』の成立は十一世紀初頭と言われますから、どれだけ早かったかがわかるでしょう。あの時代に女性が長編小説を書いたというだけで大変なことなのです。

『源氏物語』は欧米人をも虜《とりこ》にしました。二十世紀の前半、イギリスのアーサー・ウェイリーという人が『源氏物語』の英訳『The Tale of Genji』を出版しました。それを読んだ当時イギリスで最も進歩的と言われた人たちは驚愕《きょうがく》しました。なぜならば、千年以上も前の日本で、自分たちよりもさらに洗練《せんれん》された細やかな情緒《じょうちょ》を持つ男女の自由恋愛が描かれていたからです。しかもその作家が女性であるというので彼らは二度びっくりしました。

そのため『源氏物語』は一時期、フランスのマルセル・プルーストが書いた『失われた時を求めて』と並ぶ世界の二大小説と評価されました。『源氏物語』は二十世紀の欧米人に文化的なショックを与えたのです。これは大変なことです。

女性が自由自在に活躍し、世界に誇る高い文化を築いたのが平安時代だったのです。

【藤原道長】

絶対権力を我が物にした藤原道長が天皇になろうとしなかった理由

平安朝というのは宮廷文化の時代であり、同時に藤原氏の全盛時代でした。藤原氏が全盛を迎えた一つの理由としてあげられるのは、安心感があったからではないかと思われます。藤原氏はどんなに強力になっても、節度《せっど》を守りました。蘇我氏や道鏡のように皇位を狙うということは全く考えなかったのです。

藤原時代が頂点を迎えたときに藤原道長という人が出ました。道長は後一条《ごいちじょう》天皇、後《ご》朱雀《すざく》天皇、後冷泉《ごれいぜい》天皇という三代の天皇の祖父となっています。

「此の世をばわが世とぞ思ふ望月の欠けたることもなしと思へば」

という有名な和歌を詠んでいますが、道長は実際にそう詠《うた》いたくなるほどの絶対権威を持っていたのです。

外国人にこの話をすると、皆、必ず首をかしげます。そんなに大きな権力を持っているのに、どうして自分が天皇になろうとしなかったのか、というわけです。確かに、絶対権力者が王位を狙わないというのは日本以外であれば考えられないことでしょう。

では、なぜ道長は天皇になろうとしなかったのでしょうか？　その答えを神話の時代に見出すことができると私は考えています。藤原氏は天照大神が天石屋戸に隠れてしまわれたときに岩屋戸の前で祝詞《のりと》をあげた天児屋命《アメノコヤネノミコト》を先祖とする中臣氏の子孫です。この天児屋命は瓊瓊杵尊《ニニギノミコト》が天孫降臨するときに一緒にやってきたという伝承があります。また、春日神《かすがのかみ》として春日大社の祭神ともなっています。

このように藤原氏は神話に出てくる部族のうちでも最も古い名家の流れを汲《く》んでいるのです。日本の貴族の地位は神話によって決まっています。藤原氏は神話の時代にすでに天皇の家来《けらい》であったことが明瞭《めいりょう》であり、天孫降臨のときに付き従ってきたという家系を誇りにしてきたのです。もしも自分が天皇になるとすれば、それは自らの氏族のプライドの源である神話にそむくことになってしまいます。

だから道長は天皇にはなれないし、なろうともしなかったのです。藤原氏は神話の時代にあったとされる出来事を信じ、そこから続いている関係を忠実に守ったのです。それが他の部族にもわかっていたからこそ、みんな藤原氏には安心するところがあったのでしょう。

何度も繰り返しますが、このように神話と歴史が地続きになっているというのは、まさに日本に独特のあり方です。

第三章

武士政権の誕生と荒ぶる天皇の逆襲

【中世】

【源氏】

前九年の役・後三年の役によって生まれた東国武士団

平安朝は四百年も平和な時代が続いたわけですが、それだけ長く平和が続くと、そのうちに綻《ほころ》びが出てきます。地方に反乱が起こるのは歴史の中ではいつの時代にもあることですから特筆すべきことではないのですが、このときはそれがきっかけとなって時代が大きく変わることになりました。

平安時代後期の永承《えいしょう》六（一〇五一）年、陸奥国《むつのくに》で土着《どちゃく》の豪族である安倍氏が朝廷への貢《こう》租《そ》（年貢や賦役）を怠ったため、陸奥守《むつのかみ》の藤原登任《ふじわらのなりとう》が安倍氏懲罰のために数千の兵を出しました。しかし、安倍氏に敗れてしまいます。

このときは藤原登任の後任の陸奥守となった源頼義《よりよし》と安倍頼時《よりとき》の間で和解が成立しましたが、今度は天喜《てんぎ》四（一〇五六）年に頼義配下の藤原光貞と元貞が夜討ちに遭うという事件が起こりました。安倍頼時の子・貞任《さだとう》が藤原光貞の妹と結婚したいと申し入れたのを断ったことが原因ではないかと言われています。陸奥守源頼義は安部貞任に出頭《しゅっとう》を命じますが、貞任が拒否したため、再び安倍氏との間で戦いが始まりました。

頼義率いる朝廷軍は安倍頼時を討ち取りますが、その後、戦いは膠着《こうちゃく》状態に陥ります。

そこで康平《こうへい》五（一〇六二）年、頼義は出羽国《でわのくに》の豪族・清原氏に助力を請います。これによって朝廷軍は一気に優勢となって、安倍貞任は討ち取られ戦いは終結しました。この戦いを前九年《ぜんくねん》の役《えき》といいます。

その後、永保《えいほう》三（一〇八三）年になると、今度は後三年《ごさんねん》の役という新たな戦いが始まります。これは安倍氏追討に協力した清原氏内の相続争いが発端となって起こった戦いです。一族の一人、清原家衡《きよはらのいえひら》が血縁関係のない兄の藤原清衡《ふじわらのきよひら》（養子として清原家に入る）に反旗《はんき》を翻《ひるがえ》し、清衡の妻子一族を皆殺しにしました。逃げ延びた清衡は源頼義の嫡男《ちゃくなん》（正室《せいしつ》の産んだ男子のうち最も年長の子）で陸奥守となっていた源義家に助力を請いました。その結果、清衡・義家連合と家衡と叔父の武衡《たけひら》連合の間で戦いが始まったのです。

寛治元（一〇八七）年、源義家は弟の義光などの力を得て家衡・武衡連合を滅ぼし、奥州を平定します。これが後三年の役と呼ばれる戦いです。

この二度の戦いを通して、源氏は奥州から関東にかけて基盤を確立することになりました。というのは、後三年の役の戦いを朝廷は義家による奥州征伐とは認めず、私的な戦いであるとして褒美《ほうび》も与えず、戦費《せんぴ》の負担も拒否しました。それどころか、義家を陸奥守から解任してしまったのです。

義家は戦いに力を貸してくれた配下の者たちに恩賞を与えなければなりませんから、自らが所有していた領地を分け与えました。自腹を切ったわけです。領地をもらった者たちは当然、義家に感謝します。これによって関東以北に源氏の基盤ができていったのです。

非常に不思議なのは、蝦夷征伐と奥州全般の征服に手柄があった源頼義の朝廷内の地位です。どのぐらいの地位になったかというと、ようやく昇殿《しょうでん》（宮中の清涼殿《せいりょうでん》天上の間に昇ること）を許された程度、位でいうと正四位下《しょうしいのげ》という公家なら子どもでももらうような低い地位なのです。頼義の嫡男義家も、後三年の役から十年が経った承徳《じょうとく》二（一〇九八）年に正四位下となり昇殿を許されているにすぎません。

これらは長い平和に慣れすぎて、武というものに対して鈍感になっていた宮廷の実態をよく表しています。

しかし、このときはまだ武士は朝廷に大きな不満を抱いていたわけではありません。武士たちはこのぐらいの位でも満足していたのです。このまま何事も起こらなければ平和はさらに続いていたはずです。

ところが皇室が乱れてきたのです。年をとった天皇が自らを法皇と名乗り、若い天皇を後ろからコントロールする院政という二重政権のような制度を始めたのです。これが武士たちの立場を変えていくことになりました。

《コラム3》　日本の官位制度

日本の官位は官職（官吏《かんり》の職）と位階《いかい》（官吏の序列）が組み合わさった形になっています。これは律令制によって体系化され位階によって就くことのできる官職が定められていました。たとえば官職の最高位となる太政大臣になれるのは正一位か従《じゅう》一位の位を持つ人に限られ、その下の左大臣・右大臣は正二位か従二位の位を持つ人に限られました。このように位階と官職を関連させることで一つの職を世襲《せしゅう》として受け継ぐことを防止し同時に適材を適所に配置することが可能になりました。また臣下の位階は正一位から少初位下《しょうそいげ》まで三十段階に分けられましたが、それは天皇が授与するため結果として天皇を頂点とする国家体制を確立することになりました。

こうして日本の官制は、天皇の下に神祇官《じんぎ》（朝廷の祭祀を担当）と太政官（国政全般を統括）の二官を置き、太政官の下に行政を担当する八省（中務省《なかつかさしょう》・式部省《しきぶ》・治部省《じぶ》・民部省《みんぶ》・兵部省《ひょうぶ》・刑部省《ぎょうぶ》・大蔵省・宮内省）を作り、その八省の中にそれぞれ職《しき》・寮《りょう》・司《し》という実務機関を設置する形で整えられました。さらに令外官《りょうげのかん》という律令に規定されていない官職を設けて時代の変化に対応しました。これが明治になるまでの日本の基本的骨格となったのです。

【白河上皇】

不倫騒動から始まった白河上皇と鳥羽天皇の確執

皇室の乱れの中心となったのが第七十二代白河《しらかわ》天皇です。白河天皇は中宮（天皇の妻）藤原賢子《ふじわらのけんし》を亡くした後、祇園女御《ぎおんのにょうご》という身分の低い女性を愛されるようになりました。この祇園女御は、大納言藤原公実《ふじわらのきんざね》の娘である藤原璋子《ふじわらのたまこ》（後の待賢門院《たいけんもんいん》）を養っていました。白河天皇も璋子を可愛がりましたが、そのうち男女の仲となりました。

ここまではよくある話で、問題はここからです。白河天皇は第二皇子である善仁《たるひと》親王に位を譲り、自らは上皇（後に出家して法皇となる）となりました。しかし、このとき善仁親王はわずか八歳ですから、譲位したとはいえ実権は自らが握り続けました。これが院政と言われるものです。

善仁親王は即位して第七十三代堀河《ほりかわ》天皇になりますが、病弱で二十九歳の若さで崩御されました。堀河天皇の跡を継いだのは第七十四代鳥羽《とば》天皇ですが、この鳥羽天皇も即位したときにはわずか五歳でした。当然のことながら政治の実権は白河上皇が握りました。

そして永久六（一一一八）年、なんと白河上皇は自分の愛人であった藤原璋子を孫である鳥羽天皇の中宮にするのです。さらに驚きなのは、白河上皇は璋子を鳥羽天皇の中宮にした後も、璋子と関係を持ち続けていたようなのです。そこに男児が生まれました。後年、第七十五代崇徳《すとく》天皇となる顕仁親王《あきひと》です。

ただし、天皇の中宮の産んだ子が実は上皇の子であったなどと公《おおやけ》にするわけにはいきません。したがって、表向き、顕仁親王は鳥羽天皇の第一皇子ということになっています。

鳥羽天皇の心境はいかがなものだったでしょう。天皇から見れば、顕仁親王は自分の子でありながら、実際は祖父である白河上皇の子なのです。つまり、我が子でありながら叔父でもあるのです。鳥羽天皇は顕仁親王を「叔父児《おじご》」（我が子であり祖父の息子でもあるという意味）と呼んで嫌っていたそうです。それはそうでしょう。今から見ても実に不倫の極みです。

さらに大きな問題が起こりました。保安《ほうあん》四（一一二三）年、白河上皇が鳥羽天皇を二十歳の若さで無理やり退位させて上皇にし、まだ四歳であった顕仁親王を第七十五代崇徳天皇として即位させてしまったのです。鳥羽上皇の憤りはどれほどのものだったか、想像するに余りあります。

大治《だいじ》四（一一二九）年、退位後四十有余《ゆうよ》年も政治の実権を握り続けた白河法皇が亡くなりました。鳥羽上皇はようやく自分の出番が来たと思ったことでしょう。ここから鳥羽上皇の報復が始まります。上皇は白河法皇の側近を宮廷から排除し、自らの側近を宮中に入れていきました。そして、自らがされたのと同じことを崇徳天皇に対して行いました。すなわち、まだ二十三歳であった崇徳天皇を退位させて上皇とし、代わりに自分が寵愛していた藤原得子《ふじわらのなりこ》（後の美福門院《びふくもんいん》）との間に生まれた躰仁《なりひと》親王をわずか三歳で即位させて、第七十六代近衛《このえ》天皇としたのです。そして自らは東大寺戒壇院《かいだんいん》で受戒《じゅかい》して法皇となり院政を敷きました。

久寿《きゅうじゅ》二（一一五五）年、在位十三年にして近衛天皇が急逝《きゅうせい》しました。すると鳥羽法皇は、第七十七代天皇に自らの第四皇子で崇徳上皇の異父弟にあたる雅仁《まさひと》親王を即位させ、後白《ごしら》河《かわ》天皇としました。この即位には裏事情がありました。本来、鳥羽法皇は後白河天皇の長男で美福門院の養子となっていた守仁《もりひと》親王を皇位に就けたいと考えていました。しかし守仁親王がまだ幼かったため、時間稼ぎとして後白河天皇を即位させたのです。

これは崇徳上皇にとっては面白くありません。近衛天皇の後は鳥羽上皇の長男（形式上ですが）である自分が復位するか、それが無理ならば自分の長男の重仁《しげひと》親王が皇位に就くものと考えていたからです。

保元《ほうげん》元（一一五六）年、鳥羽法皇が崩御すると、一週間もしないうちに崇徳上皇は後白河天皇から皇位を奪いとろうと挙兵しました。保元の乱の始まりです。

■白河天皇から二条天皇に至る天皇系図

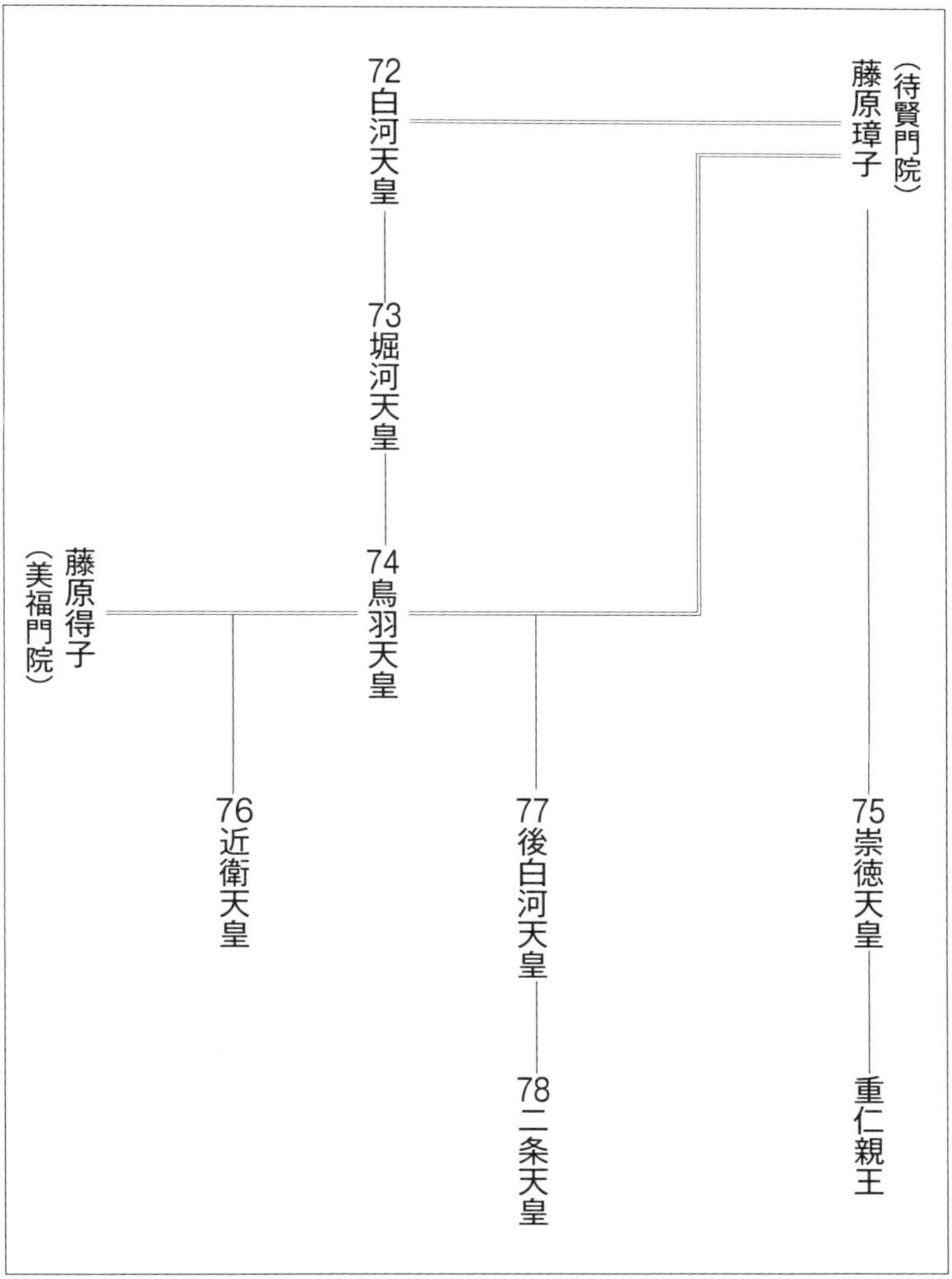

【保元の乱】

源氏と平氏が台頭した保元の乱と崇徳上皇の呪い

保元の乱には藤原氏の本家争いも絡んでいました。関白《かんぱく》太政大臣藤原忠実《ただざね》の長男・忠通《ただみち》と二男・頼長《よりなが》の間に権力争いが勃発したのです。忠実は二男の頼長を偏愛したのに対し、長男の忠通は鳥羽法皇の信頼を得ていました。

近衛天皇が崩御すると忠通の推す後白河天皇が即位しましたが、このときに頼長が近衛天皇を呪詛《じゅそ》（神仏に祈願して相手に呪いをかけること）したとの疑いをかけられ、鳥羽法皇の怒りを買います。頼長は同じく鳥羽法皇に疎まれていた崇徳上皇に近づきました。これにより、鳥羽法皇・後白河天皇・藤原忠通グループと崇徳上皇・藤原忠実・頼長グループが対立するようになったわけです。

保元の乱のとき、崇徳上皇グループも後白河天皇グループも互いに武家に対して自分たちの側につくことを要請しました。その結果、後白河天皇の側には平清盛《きよもり》や源義朝《よしとも》らがつき、崇徳上皇側には平忠正《ただまさ》（清盛の叔父）、源為義《ためよし》（義朝の父）と義朝の弟で弓の名人として知られた源為朝《ためとも》らがつきました。源氏と平家の間でも対応が分かれたのです。

戦いの作戦会議で為朝は夜討ちを勧めました。為朝は歴戦の強者です。その経験から

「今晩戦いを仕掛けていけば勝てる」と進言したのです。ところが、崇徳上皇はその意見を斥けました。すると逆に、清盛と義朝の側が夜襲を仕掛けてきました。この判断が勝敗の分かれ目となりました。頼長は戦いの最中に負った傷がもとで死去します。また崇徳上皇は逃亡しましたが、最後は後白河天皇の前に出頭し、讃岐に配流されることになりました。

讃岐の地で崇徳上皇は反省と死者の供養と都を懐かしむ心を込めて、自らの血でお経を写して京都の寺に納めてほしいと朝廷に送ります。しかし、受け取ってもらえず送り返されてきました。これに上皇は激怒して、自分の舌を嚙み切った血で写本に「この経を魔道に回向《えこう》す」「われ日本国の大魔縁《だいまえん》となり、皇《すめらぎ》を取って民とし民を皇となさん」と書きつけました。すなわち「自分は悪魔となって皇室を潰してやる」という呪いをかけたのです。崇徳上皇は朝廷への怨みの塊《かたまり》となり、髪も爪も伸ばし放題にして、生きながら天狗《てんぐ》になったとも言われました。

長寛《ちょうかん》二（一一六四）年、上皇は讃岐の地で亡くなります。天皇の呪いというのは普通の人の呪いとは違って恐ろしいものです。崇徳上皇の呪いも、ある意味で現実のものになりました。後年、後白河天皇の孫の安徳《あんとく》天皇が平家の滅亡のときに壇ノ浦《だんのうら》の海に沈んで亡くなるのです。天皇がそのような形で亡くなられることはかつてないことでした。それ以来、皇室では崇徳上皇の呪いを恐れて、お祀りをするようになりました。

【平治の乱】

源義朝を破って武士の頂点に立った平清盛

保元の乱は武力によって皇位が決まることを天下に示しました。すると、また同じことをやろうとする人が出てきました。それが平治元《へいじ》（一一五九）年に起こった平治の乱です。

保元の乱に勝った後白河天皇は側近の信西《しんぜい》を重く用いて国政の改革を実行しようとしました。ところが、後白河天皇はもともと守仁親王を即位させるまでの繋ぎ役ですから、崇徳上皇がいなくなったところで役割は終えていたのです。そこで美福門院は守仁親王への譲位を信西に要求します。その結果、後白河天皇は退位し、守仁親王が第七十八代二条天皇として即位しました。

後白河天皇は退位して後白河上皇となりました。上皇は鳥羽法皇がしたように政治力の維持をはかり、院政を敷くことを画策しました。しかし二条天皇は美福門院を後ろ盾に後白河上皇の政治力を排除しようとし、ここに上皇と天皇が対立するようになりました。二人は保元の乱のときと同じように、それぞれ武士を自分たちの側につけようとしました。

保元の乱ではともに後白河天皇について戦った平清盛と源義朝でしたが、今度は分かれて戦う道を選びました。すなわち平清盛は後白河上皇につき、源義朝は二条天皇についたのです。義朝は保元の乱のときに崇徳上皇についた父の為義を殺していました。そのため、武士たちの間では人気がなかったようです。それも影響したのでしょう、平治の乱では清盛が勝ち、義朝が敗れるという結果となりました。

このときは義朝の息子である頼朝も捕らえられました。当然、処刑されるはずでしたが、清盛の継母である池禅尼《いけのぜんに》の助命嘆願によって命を救われ、伊豆に流されることになりました。この温情が後に平家滅亡の原因になるのです。

保元・平治の乱は、もとはといえば皇室内の不倫とそれに絡まった藤原氏の本家争いが事の発端でした。そこに武士の力、暴力を使うという発想が生まれたことによって、公家の争いが武士の戦いに変わっていきました。

それまで武士は低い位でも満足していたのですが、この戦いを通して自らの力を自覚することになります。その中で平清盛が勝ち残り、平家の時代が始まることになるのです。

暴力の力を自覚した集団は恐ろしいものです。それは昭和の時代に起こった二・二六事件でも証明されています。

【源平合戦】

栄華を極める平家に対抗して挙兵した源頼朝

平治の乱で勝利を収めた平清盛は出世を続けて太政大臣の位にまで上り詰めました。太政大臣は公家の最高位ですから、普通ならば清盛のような武士が手にすることは考えられません。なぜそれが可能になったのかというと、平清盛は白河天皇が祇園女御に産ませた落とし子であるという噂があったのです。真相はわかりませんが、清盛はその噂を本当のように言い立てました。公家たちもそれが嘘だと確かめる方法はありませんから、天皇の落とし子ならいいかと一応納得して太政大臣にしたようです。

清盛は一族に位を与えて「平家にあらずんば人にあらず」というほどの栄華《えいが》を極めました。しかし、「驕《おご》る平家は久しからず」と言われたように、やがてボロが出てきました。

平家が没落した原因はいろいろありますが、決定的だったのは源氏の正統な後継者である頼朝を生かしたことです。頼朝は源氏の大将義朝の三男坊ですが、義朝は頼朝を源氏の正統と見なしていました。源氏の先祖で大英雄の八幡太郎義家の幼名がつけられた「源太の産着《うぶぎ》」（二歳の義家が天皇に拝謁《はいえつ》する折に武家だからと産着として鎧をつけていったことに由来する）を頼朝に着せていますし、また前九年の役のときに義家が敵の首を髭ごと斬り落としたことから名がついた源氏伝来の鬚切《ひげきり》という刀を与えています。

義朝の長男の義平は「悪源太《あくげんた》」と呼ばれた強者でしたが、それを差し置いて頼朝を後継者にと考えたのは、頼朝の母が熱田《あつた》神宮の大宮司・藤原季範《すえのり》の娘であったからでしょう。ほかの兄弟の母親とは明らかに位が違っているのです。

平治の乱のとき、頼朝は十三歳でした。戦いに敗れた後、頼朝は父義朝、十九歳の長男義平、十六歳の二男朝長と行動をともにしていました。一行は東国を目指し、美濃国《みののくに》（今の岐阜県）の青墓宿《あおはかのしゅく》にたどり着きます。義朝はそこで越前《えちぜん》に行き態勢を立て直して挙兵するように義平に命じ、朝長には甲州《こうしゅう》へ行って兵を挙げるように命じました。

しかし、朝長は傷を負っていて、どの方角が甲州かもわかりません。それで青墓に戻ってきて「もう動けないからいっそ殺してください」と義朝に頼みました。義朝もそれを受け入れて、涙ながらに朝長を斬るのです。その義朝も信頼していた家来の妻の里を頼って行ったところ、平家の恩賞に目がくらんだ舅《しゅうと》らに騙し討ちに遭って家来ともども殺されてしまいました。父の死を越前で聞いた義平は単身京都に入り清盛を暗殺する機会をうかがいましたが、捕らえられて六条《ろくじょう》河原《がわら》で斬首されてしまいました。

一方、頼朝は父とはぐれて行き倒れのようになっているところを鵜飼の老人に助けられて青墓宿まで行きます。しかし、そこで捕らわれ、平弥兵衛《やひょうえ》宗清《むねきよ》に預けられました。

頼朝は可愛らしい子どもであったようですが、すでに偉大な人物の片鱗《へんりん》を見せていました。宗清に頼んで小刀と木をもらい、卒塔婆《そとば》を作って戦死した人の霊を弔い、一日中念仏をあげていたというのです。その話を聞いた清盛の継母の池禅尼は、若くして亡くなった自分の息子と頼朝がよく似ていると感じ、「ぜひ助けてやってほしい」と清盛に助命嘆願をします。しかし清盛は聞きませんでした。「公家どもなら何人許したところでどうということはないが、義朝の子となれば話は別だ。しかも、義朝が長男よりも重んじた子どもを助けるわけにはいかない」と突っぱねました。これは当然の判断です。

しかし、池禅尼も諦めません。「そんな冷たいことをいうのは、私があなたの本当のお母さんではないからでしょう」と言って清盛を困らせます。そして、清盛の嫡男平重盛《しげもり》を動かして清盛に働きかけたりしました。それでも清盛は許す気はなかったのですが、最終的には命は助け、伊豆の蛭ヶ島《ひるがしま》に流すことになりました。

周囲にいた源氏の人たちは、いつ清盛の気が変わるかもしれないので僧籍に入ってお坊さんになるように頼朝に勧めました。そうすれば殺されることはないからです。たった一人、纐纈源吾盛安《こうけつげんごもりやす》という家来だけは「絶対に髪を下ろしてはなりません。僧侶になると後になって兵を挙げるときの障りになります」とアドバイスしました。頼朝はどちらの意見も「うん、うん」と聞いて、切るとも切らずとも言わずに伊豆に流されていきました。

結局、頼朝は剃髪しませんでした。これは大きかったと思います。出家した人間が還俗《げんぞく》（僧侶が俗人に戻ること）して挙兵する例は珍しくないのですが、武士の世界では、一旦《いったん》お坊さんになった人が「状況が変わったから髪を伸ばして挙兵した」というのと、「危ないときも丁髷《ちょんまげ》は切らなかった」というのでは天地の差があるのです。

政権についた平家一族は次第に公家化していきました。平家の中で一番武士として優れていたのは平重盛だと思いますが、病気のため四十二歳で亡くなってしまいます。重盛が生きていたならば平家も長続きした可能性はありますが、残った跡継ぎが揃って力不足だったのは平家にとって不幸なことでした。

全国の源氏を立ち上がらせた以仁王の令旨

一方、平家の専横《せんおう》ぶりに不満を募らせていたのが出家した後白河法皇の第二皇子以仁王《もちひとおう》でした。それに源頼政《よりまさ》という弓と和歌で知られた源氏の重鎮が呼応し、二人が中心となって治承《じしょう》四（一一八〇）年に平家追討の兵を挙げました。時期尚早ということもあり、この挙兵は失敗に終わりましたが、挙兵にあたり以仁王が全国の源氏に宛てて発した平家追討の令旨《りょうじ》を受け取った諸国の源氏が立ち上がりました。

頼朝も関東の豪族に挙兵を呼びかけ、伊豆の代官・山木兼隆《やまきかねたか》の館を襲撃します。しかし続く相模石橋山《さがみいしばしやま》の戦いで大庭景親《おおばかげちか》の率《ひき》いる平家の大軍に大敗し、山中に逃げ込みます。頼朝は大木の穴の中に隠れますが、捜索隊に見つかりそうになります。このとき、頼朝が隠れているのに気づきながら捜索隊に嘘をついて救ったのが、梶原景時《かげとき》です。

命拾いをした頼朝は箱根から真鶴《まなつる》に出て、船で房総に逃れ、安房《あわ》で態勢の立て直しをはかりました。そこに千葉の有力な源氏の大将たちが助けにやってきました。関東には後三年の役の後、八幡太郎義家が自腹を切って恩賞を与えてくれたことを恩義に感じる武将の子孫がたくさん残っていたのです。その八幡太郎義家の直系にあたる頼朝が挙兵をしたというので、東国の武士が次々と馳《は》せ参《さん》じてきたのです。その数は二十万人といわれます。

このときの面白い話があります。ある武将が安房に逃げてきた頼朝を助けてやろうと大きな顔をして行くと頼朝から「なんだ、今頃助けに来て！」と怒られて、「頼朝様は大将の器がある」と感心して従ったというのです。

実際に頼朝には人の上に立つ器量があったようです。長い間、伊豆に流されていましたが、その間も京都にいた公家の大江広元《おおえのひろもと》や三善康信《みよしやすのぶ》と手紙のやり取りをして京都の最新情報を入手していました。来るべき挙兵の時をずっとうかがっていたのです。そのあたりが普通の武士と頼朝の違うところです。

【源頼朝】

平家の滅亡と頼朝・義経兄弟の反目

頼朝が関東で兵を挙げたという知らせはすぐに摂津《せっつ》福原（今の兵庫県神戸市）にいた清盛に伝えられました。清盛は頼朝討伐軍を関東に派遣することを決め、亡き重盛の子である維盛《これもり》を大将に任命しました。五千余騎で出発した平家軍でしたが、途中で兵を募り、駿河国《するがのくに》に着いたときには五万の軍勢になっていました。

一方、頼朝軍は源氏ゆかりの地である鎌倉を経て駿河に向かいました。黄瀬川《きせがわ》までやってきたときに、幼い頃に鞍馬山《くらまやま》を逃げ出し、奥州の藤原秀衡《ひでひら》に保護されていた弟の義経《よしつね》が駆けつけて、頼朝と兄弟の対面を果たしました。

源氏と平氏は富士川で相まみえることになりましたが、このとき平家の軍勢は水鳥の羽音に怯えて逃げ出したと言われます。それは関東武者の勇猛さが伝わっていたためで、戦う前から平家側には恐怖心があったようです。逃げた平家軍を頼朝はあえて追撃しませんでした。そして、これ以降、頼朝は平家との戦いに自ら出ることはありませんでした。

では、誰が平家を潰したのかというと、その一人は信濃で挙兵した頼朝の従弟にあたる木曾義仲《きそよしなか》です。義仲は寿永《じゅえい》二（一一八三）年、越中国《えっちゅうのくに》（今の富山県）と加賀国《かがのくに》（今の石川県）の国境にある倶利伽羅《くりから》峠の戦いで平家の大軍を討ち破って最初に京都に入りました。ところが、朝廷と折り合いが悪く、後白河法皇や公家たちは義仲を毛嫌いました。義仲は武においては優れた人物でしたが、礼儀を知らず、教養に欠けたところがあったのです。また兵糧《ひょうろう》が足りなかったため、住民から食料を略奪して顰蹙《ひんしゅく》を買いました。

義経はそのあたりが上手かったと見えて、朝廷との折り合いが極めてよく、民衆からも支持されました。義仲の乱暴ぶりに辟易《へきえき》していた後白河法皇は、頼朝に義仲追討を依頼します。それをチャンスと見た頼朝は、弟の範頼《のりより》と義経に義仲追討を命じました。義仲は範頼と義経の大軍を京都に迎え撃ちますが敗北し、自らも戦死してしまいました。

木曾義仲がいなくなると、範頼と義経に平家追討の院宣が下りました。いよいよ源平合戦の始まりです。これから後は戦の天才義経の独壇場《どくだんじょう》と言っていいでしょう。『平家物語』にあるように、一ノ谷での鵯越《ひよどりごえ》の逆落《さかお》としに始まり、屋島の戦い、壇ノ浦の戦いと獅子奮迅の活躍を見せ、平家に息をつく暇も与えず、一気に滅ぼしていきます。

この義経の活躍に対して、後白河法皇は従五位下に叙《じょ》し、検非違使太夫《たゆうのじょう》尉の位を与えました。ところが、それが頼朝の気に障《さわ》りました。頼朝には源氏の正統は自分であるというプライドがあります。確かに軍事的には義経が平家を滅ぼしたのは間違いないのですが、源氏の総大将は頼朝なのです。その自分を差し置いて義経が位を授かるというのは何事かというわけです。

その怒りを頼朝は明確に示しました。義経が壇ノ浦で捕らえた平宗盛・清宗親子を鎌倉に護送して凱旋《がいせん》しようとしたとき、頼朝は義経の鎌倉入りを許さないのです。義経は失望して京都に戻るしかありませんでした。すると頼朝は義経を殺すために京都に刺客《しかく》を送ります。しかし静御前《しずかごぜん》の機転《きてん》もあって、義経はこの危機を危うく逃れました。

義経は兄である頼朝を討つ覚悟を決めます。後白河法皇に頼朝追討の宣旨を願い出るのです。後白河法皇は了承し、義経に頼朝追討の宣旨を与えます。ところが義経の形勢が悪いと見るや、法皇は一転、頼朝に義経追討の勅命を与えるのです。法皇にしてみれば、朝廷の安寧《あんねい》を保障してくれるのであれば、それが義経でも頼朝でもかまわなかったのです。

義経追討を利用して守護・地頭による全国統治に成功した頼朝

家来がほとんどいなかった義経は、京都から脱出して奥州の藤原秀衡《ひでひら》のところへ逃げ延びます。秀衡は義経を匿《かくま》い、将軍に立てて鎌倉に対抗しようとしますが、残念なことに病没してしまいます。死に際に秀衡は三人の息子に義経を主君と思って頼朝と戦うことを遺言しますが、二男の泰衡がこれにそむいて義経を襲撃します。このとき弁慶《べんけい》が義経をかばって体中に矢を受けながら立ったまま死ぬという「弁慶の立ち往生」という伝説が残っています。

文治五（一一八九）年閏四月、義経は自害して世を去りました。義経は日本人なら誰もが知るヒーローですが、その最期は悲劇で終わりました。

泰衡は頼朝に義経の首を差し出すことで和平の道を探ろうとしました。しかし、頼朝は奥州に独自政権があるのを嫌い、奥州に出兵して奥州藤原氏を滅ぼしてしまいます。

京都から義経が姿を消したとき、頼朝は義経追討を利用して全国統治する名案を側近の大江広元から授かりました。総追捕使《そうついぶし》という日本全国の行政・軍事・警察権を持つ位を朝廷からもらい、義経追討を名目として全国に自らの息のかかった守護・地頭を置いたのです。

地頭とは朝廷の土地（公領）や貴族の荘園《しょうえん》を管理する役職で年貢の管理も担当しました。すなわち地面の裁判権と徴税権を握ったのです。そして守護とは警備を担当する役職です。この守護・地頭はすべて頼朝の御家人《ごけにん》（主従関係を結んだ武士）です。これによって頼朝はあっという間に全国を自分の御家人で占める体制を築きました。頼朝は自分に対する武士の個人的忠義を国全体の体制にしたのです。これは明治までの幕藩体制のもとになりました。薩摩《さつま》の島津家も長州《ちょうしゅう》の毛利家も、もとを正せば頼朝の御家人です。頼朝は奥州も征伐しましたから、武力によって完全に日本を支配した最初の人と言っていいかもしれません。

【幕府の誕生】

朝廷と幕府が並立する二重構造の政治体制が完成した鎌倉時代

頼朝は宮廷における出世を望みませんでした。逆に宮廷のほうが気を遣って従二位、権《ごん》大納言《だいなごん》、右近衛大将といった位を授けていますが、頼朝自身が欲しがったわけではありません。くれるというからもらっただけで、宮廷のことには一切口を出しませんでした。しかし、実質的には守護・地頭を置いて日本中の土地と徴税権を手に入れました。名より実を取ったというところでしょう。

もちろん、皇位を狙うようなことはありませんでした。藤原道長が天児屋命の子孫であることを自負して天皇に服従を誓ったように、頼朝も先祖をたどれば清和《せいわ》天皇に繋がることを誇りとしていました。だから、本家である天皇を侵す気持ちは全くありませんでした。これが幕府という世界に類のない政府ができあがった理由でもあります。

幕府を考えるには皇室と武家との関係を見ずには的確な説明ができません。源氏の先祖をたどると何人かの天皇につながります。その系図もはっきりしています。それは平清盛も同じです。清盛の平氏は先祖をたどれば桓武天皇に繋がります。だから、栄華を誇ろうと自分が天皇になろうとは考えず、娘の徳子《とくこ》（建礼門院《けんれいもんいん》）を高倉《たかくら》天皇に嫁がせ、清盛自身は高倉天皇と徳子の間に生まれた安徳天皇の祖父という立場になって満足を得るのです。

しかし、源氏政権は三代で終わりました。頼朝は猜疑心が強く、自分の兄弟や従兄弟を次々に殺したため、血筋が絶えるのも早かったのです。結局、源氏の後は頼朝の妻である北条政子《ほうじょうまさこ》の実家の北条家が政権を引き継ぐことになりました。

幸田露伴《こうだろはん》は『努力論』の中で、「幸運を呼び寄せる道は三つある」と言っています。それは「惜福《せきふく》」（福を惜しむ）、「分福《ぶんぷく》」（福を分ける）、「植福《しょくふく》」（福を植える）の三つです。露伴は「惜福」の代表として徳川家康をあげていますが、源頼朝も同じようなタイプだったように思います。福を惜しむタイプだからどこかケチくさく、華やかさがないのです。

また露伴は「分福」の代表に豊臣秀吉をあげていますが、平清盛も明らかに「分福」の人と言っていいでしょう。どんどん福を分けていって一族を栄えさせました。だから平家の滅亡はまるで絵巻物のように華やかで美しいのです。平家一門が厳島《いつくしま》神社に奉納した平家納経にしても、平忠度《ただのり》が都を落ちるときに歌の師である藤原俊成《としなり》に百首あまりの歌を収めた巻物を残していった話にしても華やかで哀惜《あいせき》の念を起こさせます。

頼朝にはそういう文化的な話は一切なくて、どこか政治一辺倒《いっぺんとう》という感じがします。だから、源氏の滅び方には美しさが感じられません。ただ陰惨《いんさん》な権力闘争と粛清《しゅくせい》の印象が残るのみなのです。

【承久の乱】

武家が皇位を決める一大転機となった後鳥羽上皇の反乱

頼朝の死後、源氏政権は二代頼家、三代実朝《さねとも》と続きますが、その頃から実権を握っていたのは頼朝の未亡人北条政子と北条家であったと言っていいでしょう。そして源氏の血が絶えてからは、京都の公家から幼い子どもを連れてきて将軍に据え、北条氏は執権として政治をコントロールするようになりました。幼児が成長して成人すると放り出して、新たな幼児を連れてきて次の将軍に据えるのです。要するに、北条家にとって将軍は形のうえだけの存在で、政治は自分たちが執り行うと言っているわけです。そのうち親王まで将軍にしているのですから、あからさまです。

それを苦々《にがにが》しく思っていたのが後鳥羽上皇です。上皇は承久《じょうきゅう》三（一二二一）年、皇室の復権を掲げて倒幕のための兵を挙げました。そして執権義時追討の院宣を諸国に下したのです。これが承久の乱です。天皇の軍が幕府と武力で争うという、日本史の中で初めて起こった事件です。

御家人たちは天皇と争うのはどういうものかと躊躇していました。そのときに北条政子が御家人たちに檄《げき》を飛ばすのです。政子は側近の安達景盛《あだちかげもり》を通じて次のように言いました。

「故頼朝公の恩をなんと思うか。天下を平定し、泰平の時代をひらいた頼朝公の功績はたとえようもなく大きい。いま逆臣《ぎゃくしん》の讒言によって汚名をこうむっているが、頼朝公の功を思う者は鎌倉にとどまり、院に参じたい者は直《ただ》ちに京に去るがよかろう」

この政子の言葉に御家人たちは奮い立ちます。公家の大江広元も出撃を主張しました。その結果、出兵が決まり、御家人に動員令が下されることになりました。

天皇が攻めてきたら降参するより仕方がないという話も交わされていたようですが、現実的に天皇が馬に乗ってくることは考えられません。結局、義時の嫡男泰時《やすとき》が総大将となって兵を率いて京へ向かい、天皇側についた尾張や美濃など京都に近い十八か国の武士を破りました。その後、後鳥羽上皇、順徳《じゅんとく》上皇、土御門《つちみかど》上皇の三人は島流し、仲恭《ちゅうきょう》天皇は廃位となり、承久の乱に関係のなかった後堀河《ごほりかわ》天皇が皇位を継承することになりました。

この皇位継承者選びは幕府主導で行われました。民間の政府が朝廷側の意に反した方を位に就けたというのは画期的です。この承久の乱が転機となって、その後、天皇を決めるときには鎌倉幕府の意見が重んじられるようになりました。皇位継承を幕府が管理することになったのです。宮廷の位で言えば遙《はる》かに低い武家の棟梁《とうりょう》が皇位を決めるというのは一種の主権在民、民主主義のようなものと考えてもいいかもしれません。

【貞永式目】

明治維新まで続く武家の根本原理となった北条泰時の貞永式目

承久の乱の鎮圧の中心になった執権北条泰時は非常に立派な人で、武家法度《はっと》に相当する五十一か条からなる貞永式目（御成敗式目）を定めました。この貞永式目ができて以来、日本の裁判は規則ではなく道理で裁くことが中心になりました。

その道理を決めるのに泰時は頼朝の裁判のやり方をヒントにしたようです。頼朝の裁判というのは従来の不文律《ふぶんりつ》の慣習（暗黙のルール）に従って判断し、両方ともに納得させるようなやり方をしていました。貞永式目はこの頼朝の実質主義、慣例主義を文字で表したものと考えればいいでしょう。その方針は従来の「慣習」に、武家の目から見た「道理」を加えたものです。「神を尊び、仏を尊べ」というような当時の武士たちが納得できるような生活に密着した内容が主となっていたため、非常に効き目がありました。

この貞永式目は多少の変更を加えながら武家政治の根本におかれ、明治維新まで続きました。江戸時代にはその時々の将軍による「御触《おふ》れ」はありましたが、詳しい法律があったわけではありません。裁判はすべて道理に基づいて行われました。

明治政府は先進国と歩調を合わせるために明治憲法を作りました。当時、日本にやってきていた先進国の人々は「日本は法律がはっきりしておらず、危なくて自国の人間を裁判にかけるわけにはいかない」と考えていたからです。「日本にもこんな立派な法律がある」と示すために憲法を作ったのです。

しかし不思議なことに、戦前の憲法の内容を覚えている人はほとんどいません。日本人の感覚から言うと、戦前の憲法は肌に合わない着物を着ているような感じだったのです。これでは物足りないということで作られたのが教育勅語です。教育勅語は現実的で、民衆の感覚にピタッと合致しました。だから教育勅語は誰にも反対されずに受け入れられました。

憲法と教育勅語の違いを一言で言うと「規則と道理の違い」なのです。日本は道理の国です。揉め事が起こってもいちいち裁判を起こさずに、関係者が話し合って道理に照らして解決してきたのです。イギリスでも昔はジェントルメンズ・アグリーメントという道理のようなものがありましたが、どんどん法律に置き換えられていきました。

日本人の道理を五十一か条にまとめた貞永式目は、明治憲法ができるまでの長い間、武家社会に生きる日本人の裁判の基本となりました。それを定めた北条泰時は、頼朝によって始まった武家政治の完成者と言ってもいいでしょう。

【北条政子】

武家社会に生きる女性の生き方を示した尼将軍の「女の道」

鎌倉幕府を語るうえで忘れてはいけないのが北条政子です。北条政子は将軍の妻として頼朝を助けると同時に、日本で初めて「女の道」というものを確立した人でもあります。武家の女性の生き方を示した人なのです。

政子が示した「女の道」の典型的な例を一つあげると、それは義経の側室として有名な静御前への態度です。静御前は義経たちとともに京から逃げましたが、女連れではすぐに捕まるからと吉野の山で別れることになりました。しかし、その後に捕らえられて母親の磯禅師とともに鎌倉に連れてこられました。

静御前は白拍子《しらびょうし》といって当時の京都の第一級の芸者で、日本一の踊り子と言われていました。だから頼朝も政子も彼女の踊りが見たくてしかたありません。しかし、静御前はそのとき妊娠中で、何より義経の側室ですから、敵となった頼朝の前で踊りを見せるわけにはいかないと固く辞退するのです。

どうしても踊りが見たい頼朝は、鎌倉の鶴岡八幡宮に武士たちを集めて、その前で踊れと静御前に命じます。これには逆らえず、静御前は命令に従いました。そのとき静御前は

「しづやしづしづのをだまきくり返し昔を今になすよしもがな」

「吉野山峰の白雪ふみわけて入りしに人の跡ぞ恋しき」

と、頼朝に追われて奥州に入る義経を恋うる歌を詠いました。

最初のものは『伊勢物語』の中にある歌がもとになっていて、糸巻きにたとえて「仲のいい兄弟だったのに、もう昔に戻るようなことはないのですね」という切々たる思いを込めています。二つ目の歌は、吉野の山中で義経と別れるときの情景を重ねています。

それを聞いている源氏の武将たちは、義経とともに一ノ谷、屋島、壇ノ浦で戦った者たちばかりです。源氏の棟梁である頼朝に従うのは御家人として当たり前のこととはいえ、静御前の歌に勇ましい義経の様子が思い出されて、皆、なんともいえない悲壮な気分に襲われて、その場は騒然たる空気に覆われました。

頼朝は非常に不機嫌で「こんなめでたい席で追われている罪人を恋うる歌を詠うとは何事か」と激怒しました。

そのときに政子が頼朝に言いました。

「私も山木判官《ほうがん》（伊豆の代官・山木兼隆《かねたか》のこと。政子は当初、山木兼隆と結婚することになっていた）に嫁にやられたとき、雨の中を逃げてあなたのもとへ来ました。静の立場であれば、私もあのように詠うでしょう。夫を恋うる気持ちこそ女の道というものです」

それを聞いた頼朝は「なるほど女の道とはそういうものか」と感心して静御前を許し、褒美を与えて京に送り返すのです。

平安朝時代には誰も「女の道」について語った人はいないと思います。あの時代はだいたい男女の仲がよくて、暇があれば恋愛ばかりやっていました。ある意味ではそれが女の道であったのかもしれませんが、武家社会では宮廷社会のような姦通《かんつう》は一切許されませんから、女性の生き方は平安時代とは全く違うものだったでしょう。それを明らかにしたのが北条政子だったのです。

政子は男女関係には非常に潔癖で、頼朝の女性関係にもうるさく、自分自身に対しても厳格で、不倫の噂などはただの一つもありませんでした。この政子に始まる「女の道」が日本の武家の女性の生き方となっていくのです。

政子を語るときにもう一つ忘れてはならないのが『貞観政要《じょうがんせいよう》』です。『貞観政要』は唐の二代皇帝太宗《たいそう》が「統治者はいかにあるべきか」を側近と議論したものをまとめた本です。徳川家康も読んでいますが、為政者《いせいしゃ》にとっての必読書と言われています。

そんな武家中の武家しか読まない本を政子はわざわざ公家の菅原為長《ためなが》に和訳させて読んでいたのです。政子は「尼将軍」と呼ばれたほどの才女ですが、このようにして統治者としての感覚を磨いていたのです。

■鎌倉幕府の将軍と執権

将　　軍	在職期間	執　　権	在職期間
1　源　頼朝	1192 ～ 1199	1　北条時政	1203 ～ 1205
2　源　頼家	1202 ～ 1203	2　北条義時	1205 ～ 1224
3　源　実朝	1203 ～ 1219	3　北条泰時	1224 ～ 1242
4　藤原頼経	1226 ～ 1244	4　北条経時	1242 ～ 1246
5　藤原頼嗣	1244 ～ 1252	5　北条時頼	1246 ～ 1256
6　宗尊親王	1252 ～ 1266	6　北条長時	1256 ～ 1264
7　惟康親王	1266 ～ 1289	7　北条政村	1264 ～ 1268
8　久明親王	1289 ～ 1308	8　北条時宗	1268 ～ 1284
9　守邦親王	1308 ～ 1333	9　北条貞時	1284 ～ 1301
		10　北条師時	1301 ～ 1311
		11　北条宗宣	1311 ～ 1312
		12　北条熙時	1312 ～ 1315
		13　北条基時	1315 ～ 1316
		14　北条高時	1316 ～ 1326
		15　北条貞顕	1326
		16　北条守時	1327 ～ 1333

【禅宗】
北条時宗の揺るぎない精神を培った禅宗の教え

源氏政権を引き継いだ北条幕府は当初、禅宗を取り入れました。大陸は宋の時代でしたが、元が攻め込んできて禅宗の立派な僧侶が日本に逃げてきていたのです。

禅宗は平安朝の仏教とは性質が異なります。平安朝の仏教は亡くなったら西のほうの天国に行きたいと拝むようなものでした。それに引き換え、禅宗は非常に男性的です。

ある禅宗のお坊さんが鎌倉に呼ばれてきたときに、お地蔵さんにお辞儀をしないので「どうしてですか」と尋ねると、「地蔵というのは位が低いものである。なぜ拝む必要があるか」と言ったといいます。そういうところが武家に気に入られたのです。

「鉢木《はちのき》」という謡曲《ようきょく》があります。ある大雪の夜に旅の僧が上野国《こうずけのくに》（今の栃木県）佐野で貧しい家に一夜の宿を求めます。主人は「貧乏でおもてなしもできないので」と一度は断りますが、僧が雪で苦心しているのを見て、呼び戻して家に泊めます。主人は粟飯《あわめし》で僧をもてなしますが、夜更けには囲炉裏《いろり》にくべる薪《まき》すらなくなってしまいました。これでは申し訳ないと、大切にしていた三鉢の盆栽《ぼんさい》の鉢の木を切って囲炉裏にくべるのです。

それに心打たれた僧が主人の素性《すじょう》を尋ねると、元鎌倉の御家人で佐野源左衛門常世《げんざえもんつねよ》という人でした。常世は、「今はこのように落ちぶれていますが、もし幕府に大事があれば、ちぎれた具足《ぐそく》に錆《さ》びた薙刀《なぎなた》を持ち、くたびれた馬に乗って一番に馳せ参じ、一命をなげうつ覚悟です」と僧に語りました。

春になって幕府に一大事が起こり、各地の武士に動員令が下りました。関東一円の武士が我先にと駆けつける中に常世の姿もありました。みすぼらしい格好の常世を周りの人たちは笑いましたが、その常世の前にあの旅の僧が現れました。実はこの僧は鎌倉幕府の第五代執権北条時頼で、民情視察のために托鉢をしながら全国を回っていたのです。時頼は常世が約束通りに駆けつけてくれたことを褒め称え、志に報いるために三鉢の盆栽にちなんで三つの荘園を与えました。常世は喜んで故郷に錦を飾りました。

これは「いざ鎌倉」という言葉のもとになった話です。このような零落《れいらく》した御家人ですら大事があれば鎌倉に駆けつけると言わせるような立派な武士政権が北条幕府の初期から中期には続きました。その立派さは禅の精神によって培われたものだったのです。

第八代執権北条時宗もそんな一人です。時宗は無学祖元《むがくそげん》という、宋からやってきて鎌倉の円覚寺を創建し、その開山となった優れた禅僧を師として学びました。そうやって磨いた胆力《たんりょく》が蒙古の襲来から日本を守ったのです。

【元寇】
蒙古の侵略に吹いた二度の神風と幕府の疲弊

北条時宗が執権のとき、元（蒙古）が日本に攻めてきました。元寇《げんこう》です。それまで武士たちは外国と戦ったことがありませんでしたから戦々恐々としていたようです。しかし、無学祖元が素晴らしい器量の持ち主であると認めて褒めているように、時宗に会うとみんな奮い立って戦場へと出かけていったといいます。時宗自身は鎌倉から動かなかったのですが、それでも武士たちを奮起させるほどのオーラを放っていたようです。

江戸後期の歴史家である頼山陽《らいさんよう》は『日本楽府《がふ》』という本の中で「相模太郎（時宗のこと）は肝、甕《かめ》の如し」と言っています。時宗は肝っ玉の据わった稀有な大将だったのです。この時宗がいたからこそ、日本軍は蒙古の二度の襲来を跳ね返すことができたと言っていいでしょう。

元寇のときに、非常に面白い現象がありました。それは「神風」と言われるものです。元は最初、国書を持った使者を日本に派遣しました。しかし幕府はこれを追い返してしまいました。手紙の内容は、日本が元の臣下になれば攻めることはしないが、言うことを聞かないのなら武力で言うことを聞かせるぞ、という脅しでした。そういう手紙を持った使者を何度も送ってくるのですが、幕府は全く受け付けないのです。

業を煮やした元軍がついに攻めてきました。一回目の文永の役《ぶんえい》（文永十一年／一二七四年）のときは元・高麗連合軍四万の兵が襲来しました。最初に侵攻した対馬では守護代宗資国《そうすけくに》らが反撃しましたが全滅、島民は殺されるか捕虜《ほりょ》にされました。このときは元の兵が女性の掌に穴をあけて紐を通して船端に並べたという記録も残っています。

次に元軍は壱岐に上陸しました。壱岐の守護代平景隆《かげたか》らが応戦しましたが、圧倒的な兵力の差の前に討ち死にしてしまいます。対馬と壱岐を蹂躙《じゅうりん》した元軍は九州本土に迫り、肥前の松浦郡、平戸島、鷹島《たかしま》、能古島《のこのしま》などを襲撃しました。九州の御家人たちは大宰府に集結し、そこから博多へ移動して迎撃《げいげき》態勢を取りました。

元軍はまだ日本にはなかった鉄砲を持っていましたから、当初、日本軍は面食らいますが、そのうち戦い方に慣れてきて騎馬で攻め込んだり弓矢を放ったり、一進一退の攻防が続きました。そうした中、日本軍の総大将少弐景資《しょうにかげすけ》の放った矢が元軍の将軍劉復亨《りゅうふくこう》に当たりました。これによって指揮系統が混乱して、元軍は海上へ後退しました。そこに嵐が来て多数の船が転覆し、残った元軍は引き揚げていったのです。このときの大風を指して「神風が吹いた」と言うようになりました。

元は日本の侵略を諦めたわけではありませんでした。まず宋を滅ぼし、捕虜にした宋兵を従えて、弘安四（一二八一）年に十五万規模の大軍で押し寄せてきたのです。弘安の役です。しかし今度は日本軍も沿岸に城壁を造るなどの準備をしていて、簡単に上陸を許しませんでした。元軍が海上でグズグズしているうちに台風がやってきて船が転覆《てんぷく》し、元軍は引き揚げていくことになりました。再び神風が吹いたのです。

幕府の力で戦いに勝ち、幕府が衰えていくという逆説

この弘安の役の前には非常におかしな事件が起こっています。一回目の元寇の後、元は再び使節団を送ってきました。ところが、時宗は使者を鎌倉に連行させると斬首《ざんしゅ》してしまうのです。外交交渉にやって来た使者を斬るというのは現代の感覚では考えられません。それはこういう理由だったのではないかと私は推察します。

当時の幕府は外国と戦争することは想定していませんでした。たまたま元軍が攻めてきたから御家人たちが集まって戦争をしたのです。御家人たちにしてみれば勝っても領地が増えるわけではありません。だから自腹で戦争をしているのです。九州に駆けつけるために土地や家屋を売ったり質に入れて旅費を工面してやってきた人たちもいます。来るか来ないかわからない相手を待つ余裕はありません。そこで時宗は相手を挑発するためにあえて使者を斬ったのだと思うのです。それにまんまと乗って元が攻めてきたというわけです。

元寇を宮廷はどう見ていたかというと、武士の戦いを全く評価しなかったのです。なぜならば「神風が吹いたおかげで勝った」と考えていたからです。そして「神風が吹いたのは自分たちが神様を拝んでいるお陰だ」と言って、宮中や神社仏閣にウエイトを置いた恩賞を与えています。総大将であった時宗ですら従四位が正四位に上がったぐらいです。

明治になって日露戦争を戦うとき、明治天皇は元寇の意味の重大さを理解されました。そして時宗の官位を従一位に上げ、昭憲皇太后は彼を讃える歌を作っています。しかし元寇が起こった当時は、命を懸けて戦い、中には命を落とした者もいたにもかかわらず、武家は報われませんでした。むしろ出兵しなかった者たちが裕福になるという矛盾が生じました。これによって幕府の権威が揺らぎ始めました。幕府自体も倹約して貯えてきた富を使い果たし、経済的にもピンチを迎えることになりました。

この結果を今から見ますと、逆説的な意味で日本は幸運な国だったと思います。もしも承久の乱で後鳥羽上皇が勝っていたとしたら、元寇のときに日本は侵略されていたでしょう。いくら神様に拝んだところで敵は攻めてきます。承久の乱で北条方が勝って、元寇のときに時宗が総大将でいたからこそ日本は救われたのです。

その北条家は戦費の支出で弱体化していくというのは理不尽ですが、日本という国は万《ばん》世《せい》一系が続くような逆説的な現象も時に起こる国なのだなという実感があります。

【南北朝時代】

皇室が二つに分かれて戦った南北朝時代はなぜ起こったか

北条政権の末期に宮中で問題が起こりました。その中心となったのは第八十八代後嵯峨《ごさが》天皇です。後嵯峨天皇には宗尊親王《むねたかしんのう》、久仁《ひさひと》親王、恒仁《つねひと》親王という三人の皇子がいました。宗尊親王は将軍として鎌倉幕府に迎え入れられ、通常であれば兄である久仁親王が皇位継承するのですが、後嵯峨天皇は弟の恒仁親王を可愛がり、恒仁親王に皇位を譲ろうとしました。久仁親王は納得できず、皇位の決定権を握っていた幕府にその不満を訴えました。幕府は久仁親王を気の毒に思い、後嵯峨天皇の次の天皇にすることを決めました。これが第八十九代後深草《ごふかくさ》天皇です。

しかし、皇位を譲って上皇となった後嵯峨上皇はどうしても恒仁親王を皇位に就けたいと考え、後深草天皇が結婚して子どもができないうちに恒仁親王を次期皇位継承者となる皇太弟《こうたいてい》としました。そして後深草天皇が病気になると、まだ十七歳の天皇を退位させて上皇とし、代わりに十一歳の恒仁親王を即位させて第九十代亀山《かめやま》天皇にするのです。

後深草天皇は父の命に逆らいませんでしたが、父が崩御した後は自分が上皇として親政《しんせい》（君主自身が政治を行うこと）を行い、自分の子を天皇にしたいと考えていました。後嵯峨上皇は文永九（一二七二）年に遺言状を残して亡くなります。遺言状には財産分与については書かれていましたが、誰が宮廷の実権者になるかは幕府にまかせるとしか書かれていませんでした。当時は八代執権時宗の時代です。幕府は元寇対策に集中していて宮廷内の厄介な問題には関わりたくなかったようです。そこで後嵯峨上皇の皇后であった西園寺姞子《さいおんじきっし》（大宮院）に上皇の本心はどうであったのかと問い合わせました。大宮院は「上皇は亀山天皇の親政を望まれていました」と答えました。その結果、幕府は亀山天皇の親政を認め、皇太子には亀山天皇の皇子である世仁《よひと》親王を立てました。

後深草上皇にすれば予想外の展開です。院政の望みを絶たれただけでなく、嫡流《ちゃくりゅう》（直系の血筋）である自分の息子が皇位から遠ざけられたのです。後深草上皇は失意の末に出家を決意します。これを伝え聞いた時宗は深く同情し、評定を開きました。その結果、後深草上皇の皇子である熙仁《ひろひと》親王を亀山天皇の猶子《ゆうし》（自分の子と見なすこと）として、熙仁親王が即位したときには後深草上皇の院政にすることを決めました。

この裁定により亀山天皇の後の第九十一代天皇には世仁親王が即位して後宇多《ごうだ》天皇となりましたが、後宇多天皇は熙仁親王に譲位して熙仁親王が第九十二代伏見《ふしみ》天皇となり、後深草上皇が院政を敷くことになりました。

これ以降、後深草上皇の系統を持明院統《じみょういんとう》と呼び、亀山上皇の系統を大覚寺統《だいがくじ》と呼ぶようになりました。そして幕府の裁定で、天皇はこの両統の間でおおむね交互に出すようにしました。両統ともともとは御嵯峨天皇の長男と二男を源としていますからどちらにも皇位継承権はあります。幕府としては順番に天皇を出せば不満も出ないだろうと考えたのです。

ところが、そうはうまくいきませんでした。両統の間に次第に対立が生じるようになってきたのです。一方に皇位が行くと、もう一方が「早くこちらに回してくれ」と仲介役の鎌倉幕府に譲位の催促をするようになりました。幕府はだんだん面倒くさくなってきて、正安三（一三〇一）年に両統の即位を十年交代制にすることを決めました。

幕府の権威が盤石《ばんじゃく》であった時代ならばこの方式はうまくいったかもしれません。しかし、幕府は元寇の後始末で弱体化していました。カリスマ性のあった時宗も、元寇から三年後の弘安七（一二八四）年に三十二歳の若さで病没していました。

「幕府の指示には従わない」と決意した後醍醐天皇の倒幕計画

文保《ぶんぽう》二（一三一八）年、持明院統の第九十五代花園《はなぞの》天皇から大覚寺統の後醍醐天皇に皇位が譲位されました。後醍醐天皇は学問に熱心な方で、特に宋学《そうがく》を好みました。宋学はシナの南宋で大成した朱子学で、蒙古の支配に対し、自分たちが正統であるという正統論や大義名分論を重んじました。後醍醐天皇は正統論に傾倒《けいとう》し、こう考えました。

「日本の正統たる天皇の地位が幕府の意向で決まり、皇位継承に幕府が干渉するのは許すことのできない不遜《ふそん》な行為である」

日本を統治していたのはもともと皇室ではないか、なぜ幕府の命令に従って皇位継承を行う必要があるのか、というわけです。そして、皇太子となっていた邦良《くになが》親王（第九十四代後二条天皇の子）が病没すると、自らの子である護良《もりなが》親王（大塔宮《だいとうのみや》）を皇太子にしたいと考えました。しかし、幕府の執権北条高時《たかとき》は、持明院統の第九十三代後伏見天皇の子である量仁《かずひと》親王を皇太子に立てました。両統が交代で皇位に就くという原則からすれば、これは当然の処置とも言えます。

しかし、後醍醐天皇は納得しません。「もう金輪際《こんりんざい》、幕府の指示には従わない」と決意し、持明院統に皇位を渡さないと言い出したのです。そのためには幕府を倒さなければならないと後醍醐天皇は考えました。そして、側近たちと倒幕計画を立て始めました。ここから大覚寺統（南朝）と持明院統（北朝）に分かれて南北朝の戦いが始まることになりました。

日本が乱れるときは必ず宮中の争いが原因になっています。南北朝という二つの政権が生まれることになったのも、皇位継承争いがもとになったのです。この鎌倉末期に起こった争いの結果、今でも皇室は北朝系と南朝系の二系統に分かれています。しかし、皇室の中のお祀りでは区別せず、どちらもご先祖として大切に祀っているのだそうです。

【建武の中興】

天皇親政を実現した後醍醐天皇の執念と武士たちの活躍

後醍醐天皇は正中《しょうちゅう》元年（一三二四／正中の変）と元弘《げんこう》元年（一三三一／元弘の変）の二度にわたって倒幕計画を立てますが、いずれも事前に計画がばれて失敗に終わります。一度目は処分を免れましたが、二度目には幕府が三千の兵を京都に送って武力制圧をはかりました。後醍醐天皇は三種の神器（八咫鏡《やたのかがみ》・八尺瓊勾玉《やさかにのまがたま》・天叢雲剣《あまのむらくものつるぎ》）を持って京を脱出して比叡山に行き、さらに奈良から笠置山《かさぎやま》に逃げます。護良親王は令旨を発して反幕勢力を集め、比叡山の僧兵を従えて京都を守る六波羅探題《ろくはらたんだい》の軍勢を撃破したのち熊野に逃れ、姿を隠します。

このときに突如として現れて後醍醐天皇を助けるために挙兵をしたのが楠木正成《くすのきまさしげ》です。正成は宋学を学んでいたといわれ、正統論の立場から後醍醐天皇の味方をするようになったようです。正成は天皇と面会後、河内の赤坂城に立てこもり幕府の大軍と戦います。一方、後醍醐天皇は笠置山に籠城して幕府軍と戦いますが、圧倒的な兵力差により落城、側近と赤坂城へ向かう途中で捕らわれ、謀反人《むほんにん》として隠岐島《おきのしま》に流されてしまいます。

幕府は後醍醐天皇に代えて持明院統の量仁親王を光厳《こうごん》天皇として即位させます。これで事態は収拾すると思われましたが、赤坂城で戦死したと思われていた楠木正成が一年後に突然現れて赤坂城を占領し、さらに金剛山に築いた千早城に立てこもって徹底抗戦を始めるのです。これに対して幕府は一説では八十万ともいわれる大軍を送り込みますが、いつまでたっても小さな千早城は落ちません。

幕府の大軍が攻めても城を落とせないという噂が広まると、各地で幕府に不満を抱く勢力が次々に兵を挙げました。この中には承久の乱のときに後鳥羽上皇側について敗れた者たちの子孫がたくさん交じっていました。また、吉野の十津川《とつがわ》では正成と同じく姿をくらませていた大塔宮の命を受けた武士たちがゲリラ戦を始めました。播磨では大塔宮の令旨を受けた赤松円心《えんしん》が挙兵し、京に攻め込みました。

そのうちに隠岐島に幽閉されていた後醍醐天皇が島から抜け出して、伯耆国《ほうきのくに》（今の鳥取県）の船上山《せんじょうさん》で名和長年《なわながとし》の助けを受けて挙兵しました。これによって流れは一変しました。幕府から後醍醐天皇討伐に派遣されていた足利尊氏（このときは高氏）が「自分は源氏の正統である」と寝返って天皇側につき、関東では新田義貞《にったよしさだ》が「自分は源氏の血を引いている」と言って挙兵して鎌倉に攻め入るのです。

各地で反幕府の狼煙《のろし》が上がり、わずか一か月余りで北条幕府は滅びてしまいます。後醍醐天皇は京都に戻り、ここに天皇親政が始まりました。源頼朝が幕府を開いてから約百五十年、再び政権は朝廷の手に戻ったのです。これを建武の中興《ちゅうこう》と言います。

【楠木正成】

日本人の心に根付いた楠木正成・正季兄弟の「七生報国」の精神

ようやく幕府から政権を取り戻した後醍醐天皇でしたが、建武の中興は失敗に終わりました。その原因は手柄を立てた者たちへの恩賞がでたらめだったことです。一番問題だったのは後醍醐天皇が島流しをされたときに付いていった阿野廉子《あのれんし》という側室です。この人が恩賞に口を出して、非常に不公平な恩賞が行われました。

後醍醐天皇と一緒に苦労して笠置山に逃げた万里小路藤房《までのこうじふじふさ》という公家がいます。この方は公平な恩賞を行うための調整役をしていましたが、天皇や阿野廉子に取り入ろうとする人が後を絶たず、それによってあらかじめ決めた恩賞がひっくり返されることもしばしばあったために嫌気がさして出家し、姿を隠してしまいました。

このときに武士で第一等の手柄とされたのは足利尊氏でしたが、尊氏はもともと幕府方として後醍醐天皇討伐にやってきた人です。楠木正成や赤松円心を差し置いて第一等にするのには納得がいかない武士も多かったはずです。赤松円心は恩賞ともいえないほんの少しの土地を与えられただけでしたし、楠木正成はもとの領地である河内と摂津を与えられただけでした。なぜ尊氏が評価されたかというと、源氏の血筋であったからだと言われています。後醍醐天皇は功績よりも家柄を重視したわけです。

そもそも建武の中興は平安時代のような王朝への復古を目指したものでした。また後醍醐天皇は宋学の正統論に基づいて天皇親政が実現したと思っていますから、武士を低く見ていたのです。しかし、天皇親政を続けていくには武士の力も必要なため、武士の中でも家柄が上である尊氏を勲功《くんこう》第一としたわけです。

当然、武士たちの間には不平が残りました。命懸けで戦ったのに、僧侶や女官より低い恩賞しかもらえなかったのですから当たり前です。それが武士の反乱に繋がりました。しかし、そのとき武士の首領に選ばれたのも尊氏でした。武士たちにとっても源氏の正統の家柄は重いものだったのです。

足利尊氏は政治の実権を握るべく画策を始めました。まず護良親王を追い落とすため、阿野廉子と手を結んで「護良親王に謀反の恐れがある」という嘘を後醍醐天皇に吹き込みました。これを天皇が信じて、護良親王は捕縛《ほばく》され鎌倉に送られました。鎌倉で親王は尊氏の弟の直義《ただよし》の監視下におかれました。そして、建武二（一三三五）年、鎌倉幕府復興を目論んだ北条時行《ときゆき》（十四代執権北条高時の子）が中先代《なかせんだい》の乱を起こしたときに鎌倉を脱出する直義の部下・淵辺義博によって殺されてしまいました。

反旗を翻した足利尊氏に秘策を授けた赤松円心

この中先代の乱を鎮圧するために、尊氏は征夷大将軍を名乗り、勝手に出陣しました。京にいた武士の半数以上がこれに従いました。朝廷は尊氏に兵を京に戻すように促しますが尊氏は従わず、鎌倉で手柄を立てた部下たちに勝手に土地を与えたり、神社や寺に寄付をしました。朝廷に反旗《はんき》を翻《ひるがえ》したわけです。

これに対抗したのが新田義貞でした。同じ源氏の血筋を引く義貞は尊氏に対抗して、後醍醐天皇側の総大将として戦いを挑みました。楠木正成、北畠顕家《きたばたけあきいえ》、名和長年らも加勢して、京に攻め上った尊氏を撃退しました。尊氏は後醍醐政権に不満を抱いていた赤松円心の提案で九州に逃げます。そこで不満を抱く武士を集めて、再び京に攻め上がりました。

そのときに赤松円心がある助言をします。北朝の光厳上皇から院宣（上皇の命を記した文書）をもらいなさいというわけです。このとき光厳上皇は政治的には何も力を持っていませんが、正式の皇位継承者ですから尊氏に院宣を与えることには何も問題がありません。これは実に効果的でした。後醍醐天皇に刃向《はむ》かうということは賊軍になることを意味していましたが、光厳上皇から院宣という錦の御旗《みはた》をもらうことで、尊氏も官軍になったのです。こうして官軍対官軍という魔訶《まか》不思議な戦いの図式ができあがりました。

このとき楠木正成は「尊氏軍は大軍であり、正面から戦っても勝ち目はない。後醍醐天皇にはひとまず比叡山に逃れていただき、時機を待ってはどうか」と進言しました。そのうえで敵軍を京都に誘い入れ、正成が京都の入り口にあたる河内から出撃して敵の食糧輸送ルートを断って兵糧攻めにする。そうすれば、もともと褒賞目当てに集まった兵士たちだから必ずばらばらになる。そこを総攻撃しようというわけです。これは名案だったのですが、公家たちは「天皇が比叡山に逃げるなどあってはならない」と反対しました。

正成は実に潔い人でした。絶対に勝てる作戦を却下されると「もはやこれまで」と出陣して摂津国湊川《みなとがわ》の戦いで敗死します。最後の戦いのとき正成は弟の正季《まさすえ》に「何か言い残すことがあるか」と尋ねました。正季は「七たび生まれて朝敵を滅ぼさん」と言い、これに答えて正成も「いつかこの本懐《ほんかい》を達せん」と言って刺し違えて亡くなっていきます。

この楠木兄弟の会話は、その後「七生報国《しちしょうほうこく》」（何度でも生まれ変わって国のために尽くす）という言葉となりました。この言葉は明治維新のときに聞かれました。第二次大戦のときも、特攻隊員が「七生報国」と書かれた鉢巻きをして飛び立っていきました。楠木正成の精神は日本が大きな転換点に立ったときに出てくる一つの精神現象のようになっています。

正成は日本の武士の中でもちょっと異質な人でした。シナの三国時代の軍師諸葛孔明《しょかつこうめい》と似ているようなところがあります。優れた指揮官であり、欲のない人です。だから今でも孔明と楠木は潔い人の代表として並べられて、尊敬の対象になっています。

【神皇正統記】

南朝の正統性を明らかにした北畠親房の大著『神皇正統記』

楠木正成の死後、後醍醐天皇は都落ちして比叡山に逃げ込みます。しかし事態は好転せず、天皇は尊氏の和睦《わぼく》提案を受け入れて、三種の神器を光厳天皇の後継となった光明天皇に譲り、自らは京都の花山院《かざんいん》に幽閉されてしまいました。

しかし後醍醐天皇はしぶとく、簡単に諦めません。その後、花山院から脱出して奈良の吉野へ行き、光明天皇に渡した三種の神器は偽物であると言って、延元元年（北朝の年号では建武三年／一三三六）に吉野朝（南朝）を開くのです。それ以前も朝廷は二つに分裂していたわけですが、ここにおいて京都と吉野にそれぞれ朝廷が存在する本格的な南北朝時代が始まることになりました。

その後、延元三（一三三八）年に新田義貞が戦死し、同年（北朝では暦応元年）、尊氏が光明天皇から征夷大将軍に任じられて足利幕府を開きました。翌年、後醍醐天皇が吉野で亡くなり、正平三（貞和四／一三四八）年には楠木正成の嫡男正行《まさつら》が四条畷《しじょうなわて》で高師直《こうのもろなお》の大軍と戦って戦死しています。

後醍醐天皇が亡くなった後も南朝は続きました。北朝も北朝で王朝が続いていきます。南北朝が一つになるのは、足利幕府が開かれてから五十七年後の明徳三年（元中九年／一三九二）のことでした。

そこに至るまでにもさまざまな動きがありました。北のほうでは足利家の内乱（足利直義と尊氏の側近高師直の対立）が起こりました。このときは直義が南朝に下り、南朝と合体して高師直を討ちました。その後、直義は南朝と手を切り尊氏と和解しますが、その後両者は再び対立します。尊氏は直義と南朝がまた手を結ぶのを恐れて、なんと先手を打って南朝に降伏してしまうのです。北朝はどうなったかというと、当然ですが否定されてしまいました。これによって南朝が一時的に京都を支配しました。京都はその後、北朝が取り戻すのですが、両者が合体するまでにさらに三回も南朝が一時的に京都を占領しています。

楠木正成も新田義貞も護良親王もいなくなった南朝を支えたのは北畠親房《ちかふさ》でした。北畠親房は後醍醐天皇が京都から追い出されて吉野に逃げたとき、その王朝に正統性を与えることを考えつきました。北畠親房はシナの司馬温公が著した『資治通鑑《しじつかん》』という歴史の本を読んでいました。その本に南北朝という概念が書かれていたのです。それに基づき、北に王朝ができたときも「我々は南の王朝だ」という南朝の正統性を唱えました。それによって何十年間か南北朝の時代が続いたのです。

南朝のある吉野は山に囲まれていますが、熊野や伊勢の海を勢力圏にしていたため海上の往来は便利で、日本中に情報や命令を伝達することができました。北畠親房も息子の顕家が奥州鎮台《ちんだい》をしていたため、南朝の勢力拡大のために船で奥州に向かっています。ところが、その途中で暴風に遭って船が難破し、常陸国に上陸します。そしてそこにある小さな城に籠城して敵と戦っているときに書いたのが、『神皇正統記《じんのうしょうとうき》』という歴史書です。『神皇正統記』は南朝の正統性を明らかにしたもので、後醍醐天皇の息子の義良親王（後の後村上天皇）のために書いた本です。この本で北畠親房は「大日本は神国なり」と初めて明快に述べているのですが、よく読んでみると必ずしも天皇家だけを褒めているわけではないのです。たとえば承久の乱で後鳥羽上皇を島流しにした北条泰時を讃えて、泰時がいなかったら日本の民衆はどうであったろうかというようなことを書いています。建武の中興の間違いがでたらめな恩賞にあったこともよくわかっていました。

しかし北畠親房が正平九（文和三／一三五四）年に亡くなると南朝を指導する人物がいなくなりました。また楠木正成の孫にあたる正勝が難攻不落の千早城で初めて負けてしまい、南朝は和平に応じるしかなくなりました。元中九（明徳三／一三九二）年、足利三代将軍義満《よしみつ》の時代に南朝から北朝へ三種の神器が返還され、これによって南北朝が合一されることになったのです。

■大覚寺統（南朝）と持明院統（北朝）の天皇

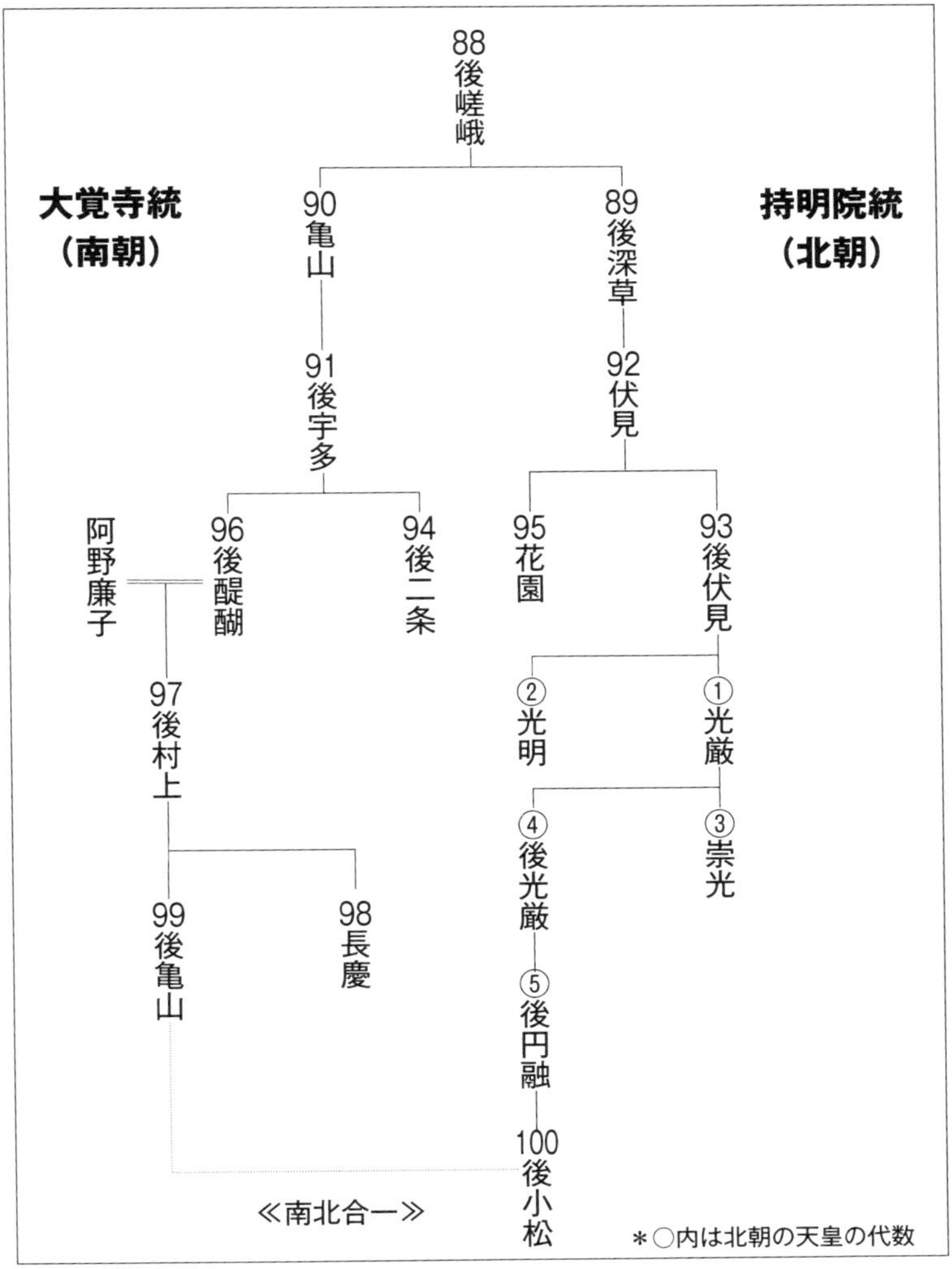

【わび・さびの源流】

応仁の乱に背を向けた天才・足利義政の育てた日本文化

南北朝という二つの王朝が並立している間も政府はずっと足利幕府でした。南北朝の統一も足利義満という非常に強力な将軍がいたからできたと言っていいでしょう。

その一方、足利幕府は非常に内乱の多い幕府でした。尊氏と弟の直義の争いは先に述べたとおりですが、義満の子で第六代将軍義教《よしのり》が家来の赤松満祐《みつすけ》の屋敷に行ったときに殺されるという事件も起こっています。

その跡を継いだのが第八代将軍義政です。この義政の時代にも跡継ぎをめぐって争いが起こりました。義政の正室は日野富子という人ですが、跡継ぎとなる男子がなかなか生まれませんでした。仕方なく義政は仏門に入っていた弟の義尋《ぎじん》を還俗させて、足利義視《よしみ》と改名して次期将軍にすることを決めました。

ところが、そのタイミングで日野富子が妊娠し、翌年に男児を出産するのです。富子にしてみれば、自分の子（足利義尚《よしひさ》）を将軍にしたいという気持ちが芽生えてきます。ここから将軍家の相続問題が勃発することになりました。

跡目争いですからどちらにも言い分があってないようなものです。結局、義視には細川勝元《かつもと》、義尚には山名宗全《やまなそうぜん》という有力な守護大名が後見人としてつき、対立しました。

また将軍家の争いに歩調を合わせるかのように、将軍を補佐する畠山氏、斯波《しば》氏という管領（将軍の補佐役）家でも家督相続をめぐる内紛が起こりました。さらに、富樫《とがし》氏、小笠原氏、六角氏など各地の守護大名家でも相続をめぐる争いが勃発しました。こうした争いに細川、山名の二大勢力の対立が持ち込まれ、ついには全国の武士が細川の東軍と山名の西軍に分かれて戦うという大乱となっていきました。これが応仁の乱です。

応仁の乱は応仁元（一四六七）年に始まり文明九（一四七七）年まで約十年間続く大戦争になりました。この乱によって京都は焼け野原になりました。そのうちに大名たちは自分の領国が心配になり、領地に戻って地盤固めを始めました。

中には守護代や家臣によって権力を奪われてしまう守護もありました。その結果、乱の前に各地を支配していた貴族や豪族の多くは没落し、新興勢力がのし上がりました。乱の後に残った名家は島津や伊達など三、四の家だけという、すさまじいばかりの変化が起こりました。日本の風景ががらりと変わってしまったのです。

応仁の乱は何もいいことがなかったかのような戦いでしたが、ただ一つよかったのは文化が発達したことです。第八代将軍足利義政は全く政治に無関心で、応仁の乱で焼け落ちた都を離れて東山山荘《ひがしやまさんそう》を造営《ぞうえい》し、三代将軍義満が建てた金閣寺に倣って銀閣寺を建てました。そしてそこに引きこもって、書画、茶碗、茶の湯といったものに凝り、「わび・さび」や「幽玄」を特徴とする東山文化を築きました。

義政は多くの人にはわからないよさがわかる鑑定眼を持った天才でした。シナでも日本でも誰も評価しなかった宋代の画家牧谿《もっけい》の水墨画を評価したりしました。茶碗にしても、彼が愛したものは大名物《おおめいぶつ》（最上級に格付けされる茶道具）となりました。

政治的な能力は全く評価できませんが、独特の審美眼《しんびがん》があり、義政によって日本人の美意識が確立されたと言ってもいいほどです。これは応仁の乱が生み出した一つの、そして重要な副産物であったと言っていいように思います。

第四章

信長・秀吉・家康の時代から江戸幕府の興亡へ

【近世】

【戦国時代】

下剋上の時代の先陣を切った北条早雲と朝廷の困窮

応仁の乱によって幕府の権威は失墜《しっつい》しました。それだけでなく、守護大名が家臣の下剋上によって実権を奪われるという事態が各地で発生しました。その結果として、日本中に新しい戦国大名が誕生し、戦国時代が始まることになったのです。応仁の乱の戦乱を利用して頭角《とうかく》を現した新しい大名たちは、いつ隣国から攻められるかわからないという緊張感の中、自分の領地を固めることに腐心《ふしん》しました。そのために家臣・民衆を大切にしました。

戦国時代で最初に目覚ましい活躍をしたのは北条早雲《そううん》（伊勢新九郎盛時）です。伊勢の関氏の一族から出た北条早雲は、駿河国（今の静岡県）の守護大名今川義忠《よしただ》のところに身を寄せているときに今川家の家督相続争いを収めたことから力を持つようになりました。

明応二（一四九三）年、足利第十一代将軍義澄《よしずみ》の命を受けて挙兵し、義澄の異母兄の茶々丸《ちゃちゃまる》を滅ぼし、伊豆国（今の静岡県）を奪って大名になります。その後、明応四（一四九五）年に甲斐《かい》国（今の山梨県）へ攻め込むと、同じ年に小田原城を奪い取り、相模国（今の神奈川県）を平定しています。

早雲は非常な勉強家で、「六韜三略《りくとうさんりゃく》」『太平記』『吾妻鏡』などを読んでいました。また、神仏を崇め敬うこと、文武両道、質素倹約など、日常生活の心得を二十一か条にまとめた教えを残しています。これが北条氏の規範となって、関東の雄として五代にわたる後北条氏の時代が続くことになるのです。

早雲は民衆の扱い方も非常にうまく、四公六民（四割を納税させて六割を民の手元に残す）という民衆にとって前例のない低い租税率を敷きました。そのため近隣の百姓が北条家の領民になりたいと願うほどでした。これがお手本となって、日本中でいろいろな武将が下剋上を果たして戦国大名となっていくのです。

その一方で、戦国時代の宮廷は非常に貧乏になりました。伊勢神宮なども財政的に困窮しました。それまでの伊勢神宮は皇室の神社で、普通の人がお参りするような場所ではありませんでした。しかし財政難から伊勢神宮への参拝客のお世話をする御師《おんし》という人たちが出て、経済的に自立するための運動を始めました。それによって普通の人もお伊勢参りをするようになったのです。

ただ、皇室は非常に衰微して貧しくなりました。大名たちは自らの領地を守り、あるいは拡大することに熱心で、皇室を支持する大名がいなかったからです。朝廷を援助したのは志のある京都の町人やわずかな大名だけでした。朝廷にとって、戦国時代は受難の時代であったといえるでしょう。

【織田信長】
柔軟な思考と圧倒的な行動力で日本の近世を切り開いた天才武将

戦国時代には日本中でいろいろな戦争がありました。毛利元就《もとなり》の厳島の戦い、武田信玄《しんげん》と上杉謙信《けんしん》の川中島の戦いといった、後世よく知られることになった戦いもあります。しかし、これらの戦いは日本の歴史の大きな流れには何も影響を与えなかったと言っていいでしょう。

大きな歴史の流れから考えますと、戦国時代でまず注目すべきは今川義元という駿河国と遠江国《とおとうみのくに》を支配していた大名です。今川義元は百万石の大名と言われました。今川家は源氏の流れを汲む名門で、義元は自分が京都へ出て号令をかければ天下は治まると考えていました。京都へ出て天下を治めるというアイデアを最初に抱いたのが、この今川義元なのです。この点で、義元の名は記憶にとどめておくべきです。

この義元を永禄《えいろく》三（一五六〇）年に桶狭間の戦いで破ったのが尾張国の戦国大名織田信長でした。ご存じのように、信長、そして豊臣秀吉、徳川家康と続いて日本は平定されて徳川時代に入ることになります。そう考えると日本の歴史に大きな影響を及ぼしたのは、信長の戦い、秀吉の戦い、家康の戦い、この三人の戦いだけだと言ってもいいのです。

信長の戦いで最も重要なのは、やはり出発点となった桶狭間の戦いです。ここで大大名《だいだいみょう》の義元を破ったことをきっかけにして信長は力をつけました。信長は永禄十一（一五六八）年に足利家の嫡流である足利義昭を奉って上洛《じょうらく》を開始し、義昭を十五代将軍に擁立します。その後、元亀《げんき》元（一五七〇）年に姉川の戦いで近江の浅井長政《ながまさ》、越前の朝倉義景《よしかげ》の連合軍に勝利し、翌年には浅井・朝倉側に味方した比叡山延暦寺を焼き討ちにします。同年十二月の三方ヶ原《みかたがはら》の戦いでは徳川家康と連合して武田信玄と戦って敗れますが、翌年四月に信玄が病死したことによって武田軍は甲斐国に引き揚げていきます。

天正元（一五七三）年になると朝倉、浅井を滅ぼし、天正三（一五七五）年に長篠《ながしの》の戦いで信玄の跡を継いだ武田勝頼率いる武田軍に勝利します。このときは三列に組んだ鉄砲隊がかわるがわる一斉射撃を繰り返すという画期的な戦法をとって武田軍に大勝しています。この戦法は西洋ではハプスブルク家がオスマントルコ軍と戦ったときに初めて使いましたが、それは長篠の戦いから百年以上も後のことです。このあたりに信長の先進性がうかがえます。

この天正三年に信長は朝廷から権大納言の位を授かります。また、右近衛大将という、征夷大将軍に並ぶ武家にとっては最高位となる位を得ました。宮廷との関係が親密になることで、信長は対立していた足利義昭を京都から追放し、足利幕府を完全に滅ぼすのです。

織田信長とヘンリー八世に共通する宗教という権威への対抗

信長が画期的だったのは京都へ出て宮中で力をつけ、皇室をバックに付けて天下統一を目指したという点です。また、比叡山を焼き討ちにしたことも大きな事件でした。これは中世という時代の終わりを象徴する事件と言ってもいいのです。比叡山の僧兵は、白河法皇が「賀茂川の水（水の流れ）・双六《すごろく》の賽《さい》（サイコロの目）・山法師《やまほうし》（比叡山の僧兵）、是ぞわが心にかなわぬもの」といって歎いたというほど手ごわいものでした。そういう一つの権威を焼き討ちにするという発想は、信長以外の誰も考えつきませんでした。

しかも、偶然に敵が寺に立てこもったから焼こうというのではなくて、意思を持って寺そのものを焼き討ちにするのです。神仏に抗うことを恐れて「寺の中には立派な人もいます」と止めた人もいましたが、信長は「立派な者がいて悪いことをやるというのはよくない。立派な者こそ殺せ」と言い放ちました。こんなことを言えるのは信長だけでしょう。

この信長とだいたい同じ時代、同じ島国のイギリスにヘンリー八世という国王がいました。ヘンリー八世は自らの離婚問題をめぐってローマ・カトリック教会と対立した末に、イギリス国教会（聖公会）をローマ・カトリック教会から分離させ、自らが国教会の首長となりました。そしてカトリックの大修道院を壊し、その財産を没収してしまいました。

日本のこころの教育

定価＝1,320円（10%税込）

境野勝悟・著

日本に生まれたことを誇りに思える本

なぜ「お父さん」「お母さん」と呼ぶのか？ 日の丸の国旗の意味とは？ 熱弁２時間。全校高校生700人が声ひとつ立てず聞き入った伝説の講演録。

小さな人生論

定価＝1,100円（10%税込）

藤尾秀昭・著

人間学の精髄がここに凝縮

人は何のために生きるのか、どう生きたらよいのか、いまを真剣に生きる人へ贈る熱きメッセージ。姉妹篇に『小さな修養論』シリーズ全5巻。

心に響く小さな5つの物語

定価＝1,047円（10%税込）

藤尾秀昭・文／片岡鶴太郎・画

15分で読める感動秘話

小学生からお年寄りまで、あらゆる年代から感動を呼んでいるベストセラー。大きな文字に素敵な挿絵が添えられ、贈り物にも喜ばれています。

修身教授録

定価＝2,530円（10%税込）

森信三・著

読み継がれる不朽の名著

ビジネスパーソンにも愛読者が増え続ける
不朽の名著。全530頁に及ぶ永久保存版。
師と生徒による魂の感応が、熱く甦る授業録。

安岡正篤一日一言

定価＝1,257円（10%税込）

安岡正篤・著／安岡正泰・監修

安岡正篤語録の決定版

世の師表・天下の木鐸と謳われた安岡正篤師。
その膨大な著作から日々の指針となる金言警句
366を選り抜いた語録集。

凡事徹底

定価＝1,100円（10%税込）

鍵山秀三郎・著

社員研修にも使われる仕事学のバイブル

自転車一台の行商からイエローハットを創業。
“掃除の神様”と呼ばれる鍵山秀三郎氏の実践哲学。

致知出版社
人間学のバイブル10選

これだけは読んでおきたいロングセラー

①1日1話、読めば心が熱くなる 365人の仕事の教科書
②1日1話、読めば心が熱くなる 365人の生き方の教科書

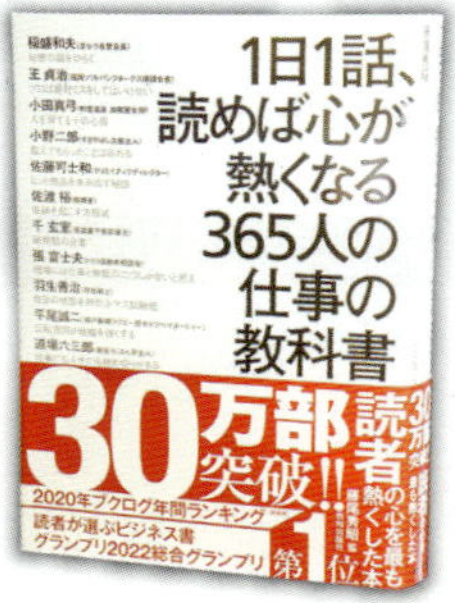

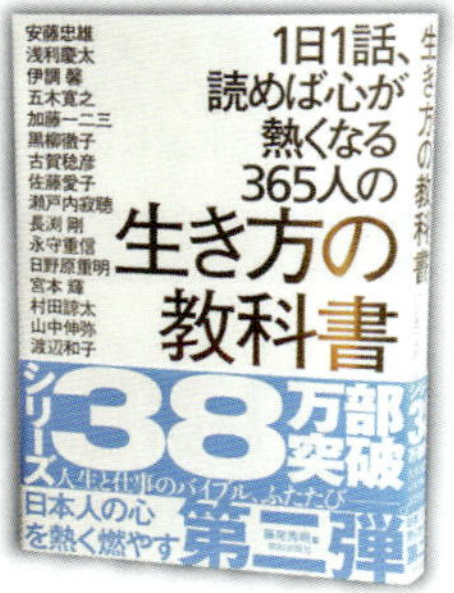

各巻定価＝2,585円
（10％税込）

藤尾秀昭・監修

いま最も熱く読まれている人間学のバイブル

１万本以上に及ぶ『致知』の人物インタビューと弊社書籍の中から、仕事力・人間力が身につく記事を精選。稲盛和夫氏、井村雅代氏、王貞治氏、羽生善治氏、山中伸弥氏……など、各界で活躍する人物の逸話を一日一話形式で読むことができる、永久保存版。贈り物にも喜ばれています。

これはイギリスの中世に終止符を打ち、近世の始まりを告げる事件となりました。

徳富蘇峰《とくとみそほう》という明治生まれのジャーナリスト・歴史家が明治史を書こうとしたときに考えました。明治史を書くには幕末について書かなければならないだろう、と。さらに、幕末について書くには江戸時代について書かなければならない、江戸時代を書くためには秀吉の時代を書かなければならない、秀吉を書くには信長を書かなければならないといって、切りがないので信長から始まる全百巻の『近世日本国民史』という歴史書を書いたのです。

この見方は今から見ても正しいと思います。なぜならば、信長が日本を啓蒙時代に導いたからです。啓蒙時代とは何かというと、「宗教の権威を最高としない時代」と言っていいでしょう。比叡山の焼き討ち、あるいは一向宗との抗争などは中世の象徴である宗教的権威の破壊です。だから間違いなく、信長から日本の近世が始まったのです。

信長は非常に柔軟な感覚を持っていました。天才的な閃《ひらめ》きと状況に応じた作戦遂行能力は図抜けていました。天下を取るために皇室の権威を利用するという戦略も、信長だから持ちえたと言えるでしょう。このような人物であったからこそ、実力の時代にのし上がることができたのです。そんな天才信長も部下の扱いには問題があったようで、天正十（一五八二）年六月二日、側近の明智光秀の裏切りによって京都の本能寺で命を落としました。まさに天下に手がかかる寸前の落とし穴でした。

【豊臣秀吉】

庶民から成り上がって日本を統一した政治力と老醜をさらした晩年

織田信長の思い切りのいいところを真似て成功したのが豊臣秀吉です。彼は典型的な庶民の出身です。農民の小倅《こせがれ》から関白太政大臣にまで成り上がっていくのですが、武士が宮中で高い位に上がるためには周囲を納得させる理由がなくてはいけません。そこで平清盛がしたように、一時は母親が宮廷に勤めていたときに身ごもって生まれた落とし子であるという噂を立てようとしました。

しかし、さすがに誰も信用しなかったためにそれはあっさり諦めて、次に本姓を平氏と自称し、後に近衛家の猶子（養子のように親子関係を結ぶ制度で、箔付けのために使われることがあった）となり藤原姓に改称しました。さらに、源平藤橘《げんぺいとうきつ》という古代から続く名家に並ぶものとして新たに豊臣家を立て、豊臣姓を名乗るようになったのです。

秀吉が信長を真似したのは皇室への接近です。皇室を持ち上げることによって宮中で出世し、公家の一番高い位である太政大臣の位を授かるのです。皇室の威光を借りて、武士たちを平伏させたのです。秀吉は武士たちにも天皇への忠誠を誓わせました。それは天皇の次に偉い太政大臣の自分に忠誠を誓わせるのと同じです。そのようにして天皇の権威を巧妙に利用して天下統一を果たしました。これが政治的に秀吉の優れていたところです。何も誇ることのない生まれだった秀吉が宮中の最高位まで上り詰めたことは、この上ない誇りであったのでしょう。秀吉は宮廷に対して徹底的な忠誠を示しています。絢爛《けんらん》豪華な聚楽第《じゅらくだい》に後陽成《ごようぜい》天皇の行幸を仰いだときは、あまりのもてなしのよさに天皇が予定よりも長く留まることもあったそうです。

もう一つ秀吉が優れていたのは待遇の使い方のうまさです。一例をあげれば、九州統一を進める薩摩に対して九州征伐をしたときには、元の薩摩の領地に戻れば首を差し出さなくてもいいと、戦国時代では考えられない非常に寛大な態度を示しています。

また秀吉は人を殺すのが嫌いでした。秀吉の出世していく道を見ると、無駄な人殺しは一切していません。信長が多くの人を殺したのとは対照的です。人を殺さないということで秀吉は敵の信頼も得ました。これで天下を取ったという見方もできるかもしれません。

ところが年をとると、さすがの秀吉も英雄の気概がなくなり、跡継ぎだけを大切にしました。自分の子どもができないので甥の秀次《ひでつぐ》を跡継ぎと決めて関白にした後に秀頼が生まれると、秀次が秀頼の邪魔になるのではないかと邪推して、謀反の疑いをかけて殺しています。このときは秀次の妻子、側室・侍女・乳母ら三十九人も殺しました。こうした残虐性を家来の前で見せたことで、秀吉は終わったと言ってもいいように思うのです。

【朝鮮出兵】

秀吉の死によって消化不良のまま終わった朝鮮の役

豊臣秀吉のなしたことで忘れてはいけないのが朝鮮出兵です。若い頃から秀吉は大陸に関心を示していました。天正五（一五七七）年に秀吉は信長から中国地方の毛利に対抗する派遣軍の総司令官を命じられています。そのとき信長から「中国を征服したらお前にやろう」と言われますが、「それは他の大将に与えてください。私は信長公の御威光を朝鮮・大明国に輝かせますから、そこで領地をいただきたい」と答えています。天正十五（一五八七）年の九州征伐のときには毛利輝元《てるもと》に「自分は高麗に渡る」と話しています。だから、朝鮮への出兵は必ずしも年をとって急に思いついたことではないのです。

当時はオランダ人が日本にやって来ていて世界に対して目を開かれるような情報をもたらしていましたから、その中に「明も下り坂にある」という話があったのかもしれません。とにかく秀吉は明を攻める第一歩として朝鮮出兵を決意するのです。

文禄《ぶんろく》元（一五九二）年、第一次朝鮮出兵が始まりました。これが文禄の役です。このときは十五万人以上の兵が朝鮮半島に上陸しました。そして慶長《けいちょう》二（一五九七）年に第二次朝鮮出兵、慶長の役が行われました。このとき秀吉自身は九州までしか行っていません。

いつも戦いでは陣頭指揮をとっていた秀吉ですが、すでに五十代半ばになっていました。人生五十年の時代ですから、かなりの老齢であったのです。

総大将も前田利家や徳川家康といった何度も戦いを経験している重鎮ではなく、文禄の役では宇喜多秀家《うきたひでいえ》、慶長の役では小早川秀秋という若手が担いました。そのために連携などでスムーズに運ばない点もありました。

そういう行き違いがあったとはいえ、日本軍は抜群の強さを発揮しました。文禄の役では四月十二日に釜山に上陸すると、朝鮮軍を撃破しながら一気に朝鮮半島を北上し、漢城（今のソウル）まで押し寄せました。

朝鮮王とその一族は城から逃げ出し、東海岸側と西海岸側に分かれて逃げました。歴史には偶然が多々ありますが、もしもこのとき西海岸を攻めるのが小西行長ではなくて加藤清正で、東海岸を攻めるのが加藤清正でなくて小西行長だったとしたら、第一次朝鮮出兵で朝鮮の役は終わっていたはずです。

というのは、朝鮮王は守る兵隊も食べる物もろくにないような状態で西海岸を逃げていて、本気で追いかければすぐに捕まえることができたからです。ところが小西行長は商人の出身でもあり元来戦争に反対だったようで、朝鮮王の追撃もゆっくりしていました。そのため朝鮮王は国境付近まで逃げ延びて、明に援護を求めるのです。これに対して清正は東海岸を素早く攻め上がり、後の満洲国境近くで二人の王子を捕まえています。行長と清正が逆であったなら、清正は簡単に朝鮮王を捕まえて戦争を終わらせていたと思うのです。

結局、朝鮮王の要請で加勢に来た明の大軍が漢城に押し寄せ、大規模な戦闘になりました。日本軍は小早川隆景が中心となって猛反撃をし、明の大軍に大打撃を与えました。明軍を撃退した日本軍は無事に撤退し、和平交渉が始まることになります。しかし、この和平交渉がうまくいきません。間に入った通訳が講和条件をそれぞれの国に都合のいいように伝え、話が噛み合いませんでした。また日本国内でも小西行長と加藤清正の間で対立が生じました。丸三年続いた和平交渉は決裂し、慶長の役が始まることになるのです。

慶長の役の三つの戦いで見せた日本軍の強さ

慶長の役では日本軍は進軍せず、文禄の役のときに築いた海岸地帯の城を守って戦いました。漢城に進むことは難しくはなかったのですが、文禄の役で国土が荒廃していたため進軍する意味もなかったのです。

慶長三（一五九八）年八月十八日、秀吉が伏見城で亡くなります。この知らせが届き、日本軍は急遽《きゅうきょ》撤退することになりました。その途上で三つの大きな戦いがありました。

一つは加藤清正の軍が朝鮮軍の大軍に囲まれて、釜山近くの蔚山城《うるさんじょう》に籠城して戦った蔚山城の戦いです。加藤軍は食糧が不足して全滅寸前まで追い込まれました。そこに毛利秀元らの援軍が駆け付けて敵軍を撃退し、加藤軍を救出しました。

二つ目の戦いは、薩摩の島津義弘《よしひろ》が明・朝鮮軍の大軍と対峙した泗川《しせん》の戦いです。島津軍は敵軍を泗川城まで引き寄せると一気に反転攻勢に出て、壊滅的打撃を与えました。島津軍のあまりの強さは「石曼子《シーマンズ》」と呼ばれて怖れられ、明治の日清戦争の頃まで語り継がれました。

三つ目の戦いは海戦です。明・朝鮮連合軍は引き揚げて行く島津軍を海上で襲いました。朝鮮水軍には李舜臣《りしゅんしん》という屈強の武将がいて、文禄の役のときにも日本軍を苦しめました。その李舜臣率いる朝鮮水軍が明の水軍とともに島津軍の船団を襲撃してきたのです。島津軍は戦いの準備をしていなかったため苦戦を強いられました。

この戦いでは島津軍が命からがら逃げかえったという説もありますが、島津側の主たる武将が全員無事だったのに対して、明の副将は斬り殺され、李舜臣は鉄砲玉に当たって戦死しています。島津兵たちは銃で応戦し、敵船に斬り込んで堂々と戦っていたのです。軍艦ではなく普通の船で戦ったので被害はあったでしょうが、戦死した顔ぶれを見れば島津軍の大勝と言えるものだったようです。

このような三つの大きな戦いに勝利して、日本軍は無事に引き揚げることになりました。

【徳川家康】

忍耐の人に天が味方した全国統一までの道筋

秀吉の死後、慶長五（一六〇〇）年の関ヶ原の戦い、慶長十九（一六一四）年と二十（一六一五）年の大坂の陣を制して天下を手中にしたのが徳川家康です。家康は幸田露伴が惜福の人の代表に挙げるほど、非常に我慢強い人でした。元来は勇猛で、三方ヶ原の戦いのような負けることがわかっていた戦いでも、城に籠もるのではなく、自ら城を打って出て戦いを仕掛けていくような人でした。姉川の戦いでも一番よく勝っているのは徳川軍でした。しかし、強いからこそ、相手が自分より上だと判断すると、戦わずに服従したのです。家康は信長を見たときに自分より上だと思ったのでしょう。信長に反旗を翻すことは全くせず、信長と同盟しました。

秀吉とはどうだったでしょうか？　家康は天正十二（一五八四）年に小牧・長久手の戦いで秀吉と刃を交えています。あの頃の秀吉は自分の軍隊がなくて、信長の軍隊を借りて戦っていました。そのため思うように戦えなかったとはいえ、一応、家康の先遣《せんけん》部隊は秀吉軍に勝っています。それなのに家康は秀吉に服従するのです。秀吉の器量を見て、とても自分の手に負えるような人じゃないと考えたからです。

たとえば、小牧・長久手の戦いで家康は信長の息子の織田信雄《のぶかつ》と一緒に戦いました。ところが秀吉は信雄と勝手に交渉して、単独講和を結んでしまうのです。家康としては信雄を担《かつ》いで秀吉と戦っていたのに、講和を結ばれてしまっては戦う大義名分がなくなってしまいます。しかたなく家康も秀吉と講和を結んで戦いは終結しました。

家康との戦いを終えた秀吉はすぐに長宗我部元親《ちょうそかべもとちか》と戦って四国を征服し、一方では宮廷で位を得て偉くなって、あっという間に家康に差をつけています。この様子を見ていて、これはかなわないと家康は思ったのでしょう。秀吉に絶対の忠誠を尽くして、決して謀反を起こしませんでした。

家康は秀吉が小田原征伐をやろうとするときも、その道筋にある三河・遠江・駿河など自らの領地にある城を「どうぞお使いください」と差し出しています。このあたりの見切りのよさはさすがと言うしかありません。秀吉も家康だけは尊敬していたと思います。

秀吉は今までの領地を召し上げる代わりに北条家が支配していた関八州を与えようと家康に申し出ます。関八州と言っても丸ごともらえるわけではなくて、実際は四州か五州ぐらいだったとも言われていますが、家康はそれを受け入れます。家康の武将たちは不満を抱きましたが、彼らは家康が不利な戦いはしない人だとわかっていましたから、ぶつぶつ文句を言いながらも従いました。家来たちも納得せざるをえない家康のぶれない態度は、私が一番感心するところです。戦いに強く非常に勇敢であるにもかかわらず、自分がかなわないと思ったら裏心なく協力する——なかなかできることではありません。

あと一年早く家康が死んでいたら歴史は全く違うものになっていた

信長の後の天下はどう考えても豊臣が治めることになると家康にはわかっていたのでしょう。であれば、自分はその後でいいと長期的な視点で考えたに違いありません。結果としては自分が仕組んだわけではありませんが、秀吉が死んで関ヶ原の戦いが起こります。この戦いに勝った家康は自動的に征夷大将軍になりました。

このとき家康は豊臣家に政治を渡すわけにはいかないだろうと考えたと思います。そこで家康は秀吉に倣おうとしました。秀吉は天下を取った後、信長の子どもを大名にしました。ならばそれより少しましな待遇にすればいいだろうと、豊臣家に大坂城を含めて六十万石ぐらいの大名にしようと提案しました。しかし、豊臣側がこの提案を拒否したため、大坂の陣が始まったのです。

この戦いは最初から勝負がついていたようなものですが、もしも大坂城に集まった浪人たちの軍事上の指揮を後藤又兵衛《またべえ》と真田幸村《さなだゆきむら》に任せておけば逆転の可能性はあったと思います。というのは、大坂城は簡単に落ちる城ではないからです。それに加えて真田幸村が真田丸という出城《でじろ》を築きました。

真田丸を攻めるとなると大変な人的被害が出ることは目に見えていました。このときに「真田丸で二千人が死んだ」という噂が出れば、その噂は京都あたりまで行くと「二万人死んだ」と大きくなるのです。噂の力は馬鹿にできません。楠木正成が千早城に立てこもって幕府の大軍を相手に戦い、幕府がなかなか攻略できないという噂が広がって各地に倒幕の狼煙が立ったように、東軍が真田丸を攻略できずにぐずぐずしていたらどうだったでしょうか。真田丸を包囲している武将たちも元来は秀吉から取り立てられた者が多かったわけですから、兵を引いたり、豊臣方に寝返る者たちも出てきたことでしょう。

家康もそれをわかっていましたから、強引に大坂城に大砲を撃ち込んで淀君を脅し、和平に持ち込んだのです。そして、和平条件として真田丸を潰して堀を埋めるという案を呑ませたわけです。これによって大坂城は裸同然にされて、夏の陣で豊臣家は終焉を迎え、徳川が天下を統一したのです。

こういうのは人間の持っている運でもあります。家康は大坂夏の陣の終わった翌年に亡くなっています。それが一年早かったら豊臣の世が続き、江戸時代は訪れず、歴史は全く違うものになっていたでしょう。辛抱強く自分の順番を待っていた家康に、天が味方したのかもしれません。

【徳川幕府】

二百五十年の平和を築いた長子相続というシステム

天下を取った家康は徳川秀忠を第二代将軍に据えました。秀忠は周囲から見るとどうも物足りない人でした。関ヶ原の戦いのときも徳川の主力部隊を任されながら上田城で真田昌幸・幸村親子に翻弄されて間に合いませんでした。戦場に間に合わないというのは、武将としては最大の恥です。

しかし家康は「関ヶ原で戦国時代は終わった。もう武士同士の戦いは終わったのだ」と判断したのです。そうするとこれから後の問題は何か？　それは家督相続です。誰を家の跡継ぎにするかということが問題になると考えたのです。

戦国時代は有能な子どもが跡を継ぎました。無能な子どもを長男だからといって主君にすれば戦争に負けて領地はなくなり、家来も死ななければなりません。だから子どもの中でも一番力のある有能な子を担いだのです。そして能力が足りなかったり体が弱かったりした跡継ぎ以外の子どもは寺に入れるか、一服盛って殺してしまうこともありました。

武田信玄は父親を甲斐から駿河へ追い払って政権を取っています。武田信玄の親である信虎は甲州一国を賜った偉い人ですが、家臣との折り合いが悪く、また重税を課したりして領民にも人気がありませんでした。だから信玄は家臣たちと謀《はか》って信虎を甲斐から追放して、自らが父親に代わって甲斐の領主となったのです。

そういう能力主義の時代が関ヶ原の戦いで終わったと家康は認識していたはずです。だから家康は「家督は必ず長子が相続する」というルールを決めたのです。長子が相続すると決めてしまえば、揉め事はなくなると考えたところが家康のすごさです。

そしてまず自らが長子相続を実行して見せました。徳川家の二代目を能力的には物足りない秀忠に委ねたのです。秀忠は家康の三男ですが、長男の信康はすでに亡くなっており、二男の秀康は秀吉の養子に出されていましたから、三男の秀忠が徳川家の嫡男として家康の跡を継いだわけです。

ところが二代将軍となった秀忠は家康の真意を十分に理解していなかったようです。嫡男の竹千代（後の徳川家光）が病弱だったことから、利発な弟の国松（後の徳川忠長《ただなが》。後に駿河国の領主となり駿河大納言と呼ばれる）を可愛がりました。その様子を見ていた大名たちも、跡継ぎは竹千代ではなく国松にいくのではないかと気にしていたようです。

竹千代の乳母の福（後の春日局）はその状況を非常に心配して、駿府に隠居していた家康のところに行って江戸城の様子を報告しました。すると家康は重大な事態だと受け取って、「武蔵野で狩りをしたい」という名目《めいもく》で江戸に出てきました。そして、滞在中に竹千代と国松に明らかに差をつけて振る舞いました。竹千代を持ち上げ、国松には厳しい態度で接したのです。それによって誰が徳川家の跡継ぎなのかを秀忠と側近の大名たちに示したのです。これによって家康の意図を理解した秀忠は正式に竹千代を世継ぎと決め、竹千代は家光として第三代将軍になったわけです。

家光は家康を非常に尊敬して、家康が亡くなると日光東照宮《とうしょうぐう》を造営して祀りました。一方、忠長は不行跡《ふぎょうせき》があったとして秀忠の死後に改易（身分を奪われ、領地や城を没収されること）され、後に幕命により自刃しています。

この能力主義から長子相続主義への切り替えの典型的な例が八代将軍吉宗のケースです。吉宗は英邁《えいまい》な将軍でしたが、嫡男の家重は障害を負っていたと言われ、言語不明瞭でした。それに引き換え二男の宗武は非常に優秀で、学問も漢学に加えて国学までできて文芸もできる人でした。家重に将軍が務まるだろうかと考えた吉宗は大いに迷いました。長男よりもはるかに優秀な二男がいるのですから、迷うのも当然でしょう。しかし、迷ったあげく、家康の長子相続制度に従って家重を跡継ぎにしたのです。

将軍家の選択を見て大名家でも長子相続が完全に定着しました。家康の発明した長子相続というシステムによって江戸期は平和で安定した時代が続くことになったのです。

日光東照宮　陽明門（栃木県日光市）

徳川家康を神として祀る日光東照宮。家康を日光に祀るというのは、本人の遺言でもあった。家康は自らが「八州の鎮守」となることを願った。八州とは関東地方のことだが、それにとどまらず、徳川幕府と日本全土の平和を守る守護神になるというのが家康の願いであったともいわれている。

写真提供：時事通信フォト

【学問尊重の時代】

平和な時代がもたらした学問と文化の発展

将軍家というものは三代続けば安全だとよく言われますが、三代将軍家光までの間に徳川幕府は基礎固めを行い、二百五十年以上の平和な時代を築いていきます。

徳川家はとにかく平和を重んじた政権でした。そのため江戸時代は泰平が続きました。キリシタンを嫌って弾圧しましたが、それはキリシタンが反乱して平和が乱されるおそれがあったからです。キリシタンがオランダと通じていたり、キリスト教を振り回したため危機感を覚え、異常なほどの弾圧を加えたのです。

そのため宗教も簡単に変えられないようにしました。お参りに行くのは勝手だけれども、家の宗教は変えてはならないということにしたわけです。だから、親の宗教がそのまま自分の宗教になったのです。

それから参勤交代という制度をつくりました。これも珍しい制度です。参勤交代によって全国の流通が活発化しました。殿様が領国と江戸を往復するために街道が発達し、旅行が盛んになりました。十八世紀頃のイギリスの旅行記を読むと、徳川時代のほうがはるかに旅行の自由があったことがわかります。

また家康は非常に学問を重んじて、いろいろなシナの古典を翻訳させました。そのため武士の間にも非常に学問が浸透しました。昔から漢学は入っていましたが、それを学ぶのは公家に限られていました。鎌倉時代になると僧侶などが学問をするようになりましたが、武士や庶民が勉強するようになるのは戦国時代の終わりに家康が現れてからです。江戸時代には同じ武士でも勉強ができないと石高《こくだか》が上がっても役に就けなくなりました。

学問が尊重されるようになると学者が尊敬を集めるようになりました。たとえば儒学者の荻生徂徠《おぎゅうそらい》は第五代将軍徳川綱吉《つなよし》の側近で幕府側用人（将軍の命令を老中たちに伝える役目を持つ人）の柳沢吉保《よしやす》に招かれていますし、伊藤仁斎《じんさい》も紀州公から一千石で誘いを受けています。

家康は源氏の氏長者《うじのちょうじゃ》（氏の代表者）にのみ許される征夷大将軍を継いだことから「源氏」の名がつくものを大切にしました。そこから『源氏物語』を重んじて、『源氏物語』の講義を四回受けています。『源氏物語』は色恋の物語ですから、当時の武家から見れば猥褻《わいせつ》で排すべきものです。しかし、例外的に家康が重んじたために誰でも自由に読むことができたのです。その影響もあって江戸時代は国文学が非常に盛んになりました。そこから王朝時代の宮廷文化を慕う心が生まれて、お雛様（雛人形）が流行しました。大名家では雛人形を嫁入り道具にしていたほどです。

時代が下がってくると徳川幕府は徳川家に害を及ぼす可能性がある学問を禁ずるようになりました。鉄砲とか物理、化学も火薬を扱いますから研究できなくなりました。一方で天文学や医学は許されましたから、どんどん発達していきました。その分野から外国の学問も少しずつ入ってくる状況になっていました。

我々が今、日本風と考えるものの大半は江戸時代に作られたものです。そうしたものが生まれたのは、江戸時代が安定した封建《ほうけん》社会であったからだと私は考えています。安定した封建時代があることは文明国になる条件です。西洋文明を見ても、どの国も安定した立派な封建時代を過ぎてから絶対王権になっています。

安定した封建時代は社会が小さいために、密度の濃い人間関係が築かれ、人間的な感情が発達しやすいのです。それによって郷土を愛する心が育まれました。また、地方に根を下ろした大名は物産を作るように奨励し、各地方に特色のある名産物が生まれてきました。江戸時代にはどの国の大名も自分の国でできたものを自慢しました。今も日本では各地に名産品があります。当たり前だと思うかもしれませんが、封建時代を経ていない国には地方の名産品というものがないのです。

そのようなわけで日本情緒《じょうちょ》と呼ばれるものの多くは、江戸期の封建社会にその源流があると考えてほぼ間違いないように思われるのです。

《コラム5》 徳川家康の出版事業

徳川家康は出版にとても熱心でした。関ヶ原の戦いの前年にあたる慶長四（一五九九）年には数十万の木活字《もっかつじ》を三要元佶《さんようげんきつ》という僧侶に与えて、『孔子家語《こうしけご》』（孔子一門の説話集、偽書とも言われる）、「六韜三略《りくとうさんりゃく》」（中国の代表的な兵法書）を印刷させたのをはじめとして、『貞観政要』（一二三四頁参照）、『吾妻鏡《あづまかがみ》』（鎌倉幕府の政治史）、『周易《しゅうえき》』（儒教の五経の一つ『易経』に記された占術《せんじゅつ》について書いた本）、『武経七書《ぶけいしちしょ》』（シナの代表的な七つの兵法書）を印刷させています。

この他にも国内初の銅活字を用いて『大蔵一覧集《だいぞういちらんしゅう》』という経典を印刷させたり、朱子学者の林羅山《らざん》や臨済宗の僧で家康のブレーンであった金地院崇伝《こんちいんすうでん》を総裁にして、書の達者な五山（寺格《じかく》の高い五つの寺）の人間十人を京都の南禅寺に集めて神道の神典『旧事紀《くじき》』、『古事記』、菅原道真の漢詩文集『菅家文草《かんけぶんそう》』などを書き写させたりしています。

このようにして集めた本で家康は富士見亭《ふじみてい》文庫（後の紅葉山文庫、現在の内閣文庫）を作りました。そこには漢書を中心に膨大な数の蔵書が収められています。

【元禄時代】

信用貨幣という考え方を提唱した経済学者荻原重秀の先見性

江戸時代には新田《しんでん》の開発が進みました。新たな土地を切り開いて農地を増やし、米や穀物の増産をはかることによって国力を高めようとしたのです。しかし、開拓しすぎると逆に天災を引き起こすということがわかってくると、新田開発にストップがかかるようになりました。

それによって武士は貧しくなっていきました。武士の俸禄《ほうろく》は基本的に年貢や扶持米《ふちまい》によってもたらされましたから、戦のない時代において土地は武士にとって唯一の収入源でした。土地の開拓がストップするというのは、収入が増える見込みがなくなったということに等しいのです。

一方、商工業が着実に発達しました。特に将軍綱吉の元禄時代はその象徴で、外国から絹や贅沢品《ぜいたくひん》をどんどん買っていました。その反面、金銀が海外に流出していきました。すると当然のことながら通貨が不足してきます。財政に困った幕府は通貨の改鋳《かいちゅう》を行いました。小判に含まれる金の含有率を下げたのです。

これを実行したのが荻原重秀《おぎわらしげひで》という勘定奉行《かんじょうぶぎょう》です。この人は今から考えても立派な経済学者だったと思います。彼は「通貨は幕府の権威で動くものだから瓦《かわら》だって通貨になる」という考えを持っていました。実際、大昔には石や貝が通貨として使われていたこともありますし、今の紙幣にしてもただの紙切れに過ぎません。それでも政府の権威で流通しているのです。

ただし紙幣ならば刷ればすみますが、小判はそうはいきません。そこで荻原重秀は、金の含有率を下げて多くの小判をつくるという通貨の改鋳をしていったのです。だから、通貨は増えました。それによって経済は発展し、景気が良くなって、町人たちも贅沢をし始めました。町人の女房たちが贅沢競争をしたという話もあります。

しかしその一方で、通貨の質を落とすのはよいことではないとする武士階級の意見もありました。その結果、綱吉が死に、第六代将軍家宣《いえのぶ》の時代になると、家宣側近の新井白石《はくせき》との確執によって荻原重秀は罷免《ひめん》されてしまいました。

この家宣と第七代家継《いえつぐ》の時代に元禄小判は回収されて、良質の正徳《しょうとく》小判が鋳造されました。

その結果、貨幣の供給量が減り、経済は次第に減速していくことになりました。

江戸時代には、町人が栄えると武士がそれを潰すということが繰り返し起こっています。江戸の三大改革（享保《きょうほう》の改革・寛政《かんせい》の改革・天保《てんぽう》の改革）はまさにそういう性質のものでした。

【享保の改革】

武士を喜ばせ、町人を困らせた徳川吉宗の「享保の治」

いつの時代でもそうですが、歴史家の言う第一級史料というのは政府側の持つ史料です。江戸時代で言えば武家側の史料です。だから町人や日本の経済全体が繁栄しても、武士が悪くなった時代は悪い時代と見なすのです。そこを注意しないと歴史を見誤ります。

約四十年間続いた元禄の繁栄は今で言えばバブルの時代でした。町人は贅沢を謳歌《おうか》しましたが、それが目に余るようになると、武士の側から贅沢を抑制すべきとする意見が出てきました。それを具体的な改革として行ったのが、八代将軍吉宗の享保の改革です。吉宗は質素倹約を第一に掲げ風紀の引き締めにかかりました。

また、大名から一万石につき百石を献上させたり（上米《あげまい》の制）、新田開発を奨励して幕府の財政改革に手を付けました。

しかし、米が増産されたことによって米価《べいか》が下がり、米を経済の基盤にしている武士にとっては困った事態になりました。借金をして返済が滞って訴えられる旗本・御家人も出てきました。そこで吉宗は相対済令《あいたいすましれい》を出して金銭貸借に関する訴訟《そしょう》を幕府は受け付けず、当事者同士が話し合って解決するようにと命じました。これは鎌倉時代に御家人救済の目的で債権者に債権放棄を命じた徳政令《とくせいれい》の江戸幕府版と考えてもいいでしょう。借金の踏み倒しは認められていなかったとはいえ、この条例が出たために、現実的には借金返済を先延ばしする者が続出しました。

大名や武士に金を貸していた町人にとってはとんでもない話です。大名や旗本・御家人が「お断り」と言えば、町人は借金を取り立てることができないのです。だから、賢明な者は武士に金を貸さなくなり、金融停止状態になって経済が大混乱しました。

この享保の改革は武士の側からすれば実にありがたいものでした。吉宗は名君として讃えられています。しかし、そもそも町人を困らせるような政策は、町人に対する武士の権威が高まることに繋がりますから、武士は必ず讃えるものです。だから武士の側から見れば、吉宗は名君ということになるのです。

もちろん、目安箱を設けたり、小石川養生所をつくったり、飢饉対策として青木昆陽《こんよう》に命じて甘藷《かんしょ》（サツマイモ）の栽培を研究させたり、名君と呼ばれるにふさわしいことも吉宗はたくさんしています。吉宗自身、名君たらんと自ら質素倹約に努め、真面目に修養していました。

しかし、「享保の治」として讃えられる吉宗の時代は、江戸の町人にとっては必ずしもいい時代とは言えなかったのです。

【田沼時代】

後世の評判は悪いが庶民文化を花開かせた田沼意次

享保の改革は約三十年続き、吉宗の退任とともに終わりました。その間、経済は一時的に縮小しましたが、時間が経つと次第に豊かさを取り戻していきました。そして将軍が吉宗から家重に代わると田沼意次《おきつぐ》が大名に取り立てられ、次の家治《いえはる》の時代に老中《ろうじゅう》に抜擢されました。

ここから「田沼時代」と呼ばれる文化華やかなりし時代を迎えることになりました。田沼時代には特に洋学が栄えました。前野良沢《りょうたく》や杉田玄白《げんぱく》がオランダの医学書『ターヘル・アナトミア』を翻訳して『解体新書』を出版しました。志筑《しづき》忠雄は『暦象《れきしょう》新書』でニュートン力学やケプラーの天文学を紹介しています。平賀源内《げんない》はエレキテル（摩擦《まさつ》発電装置）や寒暖計を発明しました。

文芸も盛んになりました。上田秋成《あきなり》の『雨月《うげつ》物語』が出たり、俳諧の与謝蕪村《よさぶそん》が出たり、国学では賀茂真淵の古典研究があり、本居宣長が『古事記伝』を著しました。仏教では白《はく》隠禅師《いんぜんじ》が庶民に坐禅をわかりやすく説いた『坐禅和讃《わさん》』を著しました。石田梅岩《ばいがん》を祖とする石門心学《せきもんしんがく》も広まっています。

このように非常に文化の栄えた時代であり、各分野で後世に有意義な影響を及ぼしたものが多数出ています。

田沼時代は約二十年続きますが、江戸の歴史上最も評判が悪く、汚職《おしょく》の時代とも言われています。田沼時代は武家から見ると面白くないのです。だから賄賂《わいろ》を受け取っていたという汚名を着せて、田沼を追い落とそうとしたのです。

当時の第一級史料と言われる書物に肥前平戸藩主松浦静山《まつらせいざん》の著した『甲子夜話《かっしやわ》』があります。これは肥前の殿様が裏話や社会風俗などを書き綴ったものですが、そこに静山自身が田沼に賄賂を贈ったことが書かれています。しかし、田沼は静山をさほど重用しませんでした。その恨みがあったらしく、田沼の悪口を書き連ねているのです。それが後世の田沼の評価に大きな影響を及ぼしたと考えられます。

田沼時代にあったことを一つひとつあげていけば、大変いい時代だったと言えます。文化面だけではなく、蝦夷地《えぞち》（北海道）の開拓や手賀沼《てがぬま》を干拓して水を通して大量の田んぼを作ることも計画されました。異常気象が続き、天明《てんめい》の飢饉という大飢饉も起こりましたが、なんとか乗り切っています。

後世になると田沼は汚職の典型みたいに言われますが、実際はよく栄えた時代だったのです。

【寛政の改革】

清く正しすぎて息が詰まると皮肉られた松平定信の清貧の改革

田沼意次を批判して幕政から追放したのは、田沼に抜擢されて出世した陸奥国白河藩主松平定信でした。松平定信は第十一代将軍家斉《いえなり》がまだ年若かったため老中首座に任命されて、寛政の改革に着手します。

その内容を簡単に言うと、享保の改革のときと同様に贅沢品を抑えて綱紀粛正《こうきしゅくせい》をはかるというものでした。武士に対しては衣服の新調を禁じ、家は壊れたとき以外は建ててはいけないと命じる一方で、旗本・御家人の救済策として棄捐令《きえんれい》を出して六年以上前の借金は棒引き（債権放棄）にしたり、五年以内の借金は利子を引き下げるように命じました。

また羽子板《はごいた》、雛道具、玩具などに金銀箔を使わないように通達し、能役者の衣装や女性の着物などにも制限を加えました。そのほか、高価なお菓子を禁じたり、公衆浴場の混浴を禁止するなど、日常生活に細かく規制を加えました。

学問に関しても、寛政異学の禁を出して朱子学を幕府の公認とし、朱子学以外の学問を禁止して、蘭学者を公的機関から追放し、政治批判をする者を厳しく取り締まりました。出版の自由も制限され、洒落本作家の山東京伝《さんとうきょうでん》や版元の蔦屋重三郎《つたやじゅうざぶろう》などが処罰されました。

寛政の改革は一言で言うと自由を謳歌した田沼時代の反動です。借金を返さなくてもよくなったので武士は喜びましたが、町人にしてみれば少し贅沢をしても取り締まられるし自由に学問もできなくなるというわけで、生活の楽しさが半減することになりました。

この頃、そんな社会の風潮を詠み込んだ狂歌が作られました。

「白河の清きに魚も住みかねて　もとの濁りの田沼恋しき」

「白河」というのは白河藩主であった松平定信を指しています。松平定信の政策は倹約や綱紀粛正ばかりで世の中が貧乏くさくなって息苦しい、田沼時代の猥雑《わいざつ》だけれど自由になんでもできた頃が恋しく思い出されるというわけです。

結局、寛政の改革はわずか六年で行き詰まり、定信は家斉と対立して寛政五（一七九三）年に罷免されてしまいます。これによって寛政の改革は終わります。

幕府の締め付けが緩むと世の中に活気が戻り、やがて江戸文化の爛熟《らんじゅく》期と言われる文化・文政の時代を迎えました。この頃は十返舎一九《じっぺんしゃいっく》の『東海道中膝栗毛《ひざくりげ》』、曲亭馬琴《きょくていばきん》の『南総里見八犬伝《なんそうさとみはっけんでん》』が刊行されるなど、江戸文学が花開きました。また本居宣長が『古事記伝』を完成させ、塙保己一《はなわほきいち》が『群書類従《ぐんしょるいじゅう》』を刊行しました。頼山陽《らいさんよう》の『日本外史《がいし》』が完成したのもこの時代です。

【天保の改革】

娯楽を規制し過ぎて庶民から嫌われた水野忠邦の改革

大御所時代が約四十年続いた頃、風紀が乱れているからといって、またしても改革を起こす人が出てきました。将軍家斉の晩年に老中となった水野忠邦《ただくに》です。天保十二（一八四一）年に始まった水野忠邦の改革を天保の改革と呼びます。

水野は賄賂が横行していた幕府高官の人事を大刷新《さっしん》するとともに、倹約令を出し、風俗取り締まりを強化しました。芝居小屋を江戸の中心から郊外の浅草に移転させ、寄席《よせ》を廃止するなどして庶民の娯楽を制限しました。

歌舞伎役者の七代目市川團十郎は江戸から追放され、役者は居住地が限定され、平民との交際や旅行が禁じられました。興業を行えるのも江戸・京都・大坂に限られました。人情本作家の為永春水《ためながしゅんすい》や柳亭種彦《りゅうていたねひこ》らも風紀を乱したとして処罰されました。また、立派な家屋、高い菓子、派手な看板、羽子板、羽二重《はぶたえ》、縮緬《ちりめん》、繻子《しゅす》、舶来品《はくらいひん》などを禁止し、贅沢な着物を着ている人がいれば町中で剝ぎ取るという馬鹿げたことまでやっています。

さらに、江戸・大坂間の荷物運送の株仲間組合の特権を廃止して、誰でも自由に商取引ができるようにしました。これは一見、規制を緩和したかのように見えますが、商人に対する嫉妬と憎悪から出た政策で、むしろ逆効果となりました。江戸開府以来自然発生的に発達してきた制度をなくしたことによって貨物は滞り、金融は止まり、物価が高騰するなどの弊害が起こってきたのです。

結局、天保の改革は三年足らずで終わり、水野忠邦は失脚しました。水野の失脚が伝わると、数千人の群衆が水野邸に押しかけて石を投げ、兵を出して家が壊されるのを防いだといいます。彼の改革がどれほど悪評だったかがわかる話です。

この時代、もう一つ重大な事件が起こりました。天保十（一八三九）年の「蛮社《ばんしゃ》の獄」という蘭学者たちへの言論弾圧事件です。幕儒（幕府のお抱え儒学者）である林述斎《はやしじゅっさい》の子で蘭学者嫌いであった幕府目付鳥居耀蔵《とりいようぞう》が中心となって渡辺崋山《かざん》、高野長英《ちょうえい》といった蘭学者を取り締まり、弾圧したのです。これは綱紀粛正の風潮に便乗した暴挙《ぼうきょ》でした。幕末・開国が迫りくる時期に多数の蘭学のリーダーたちを失ったのは日本の大損失となりました。

このように江戸時代には町人文化が活気づくと武士の側からそれを潰そうとする動きが出たのですが、その主な原因は貧乏になってしまった武士が贅沢を楽しむ民衆に嫉妬したからだと言ってもいいでしょう。民衆が豊かになるのに幕府が困窮していくというのは、世界的にも稀な不思議な現象でした。

【尊皇攘夷論】

黒船の出現に動揺する幕府と尊皇攘夷論のうねり

長子相続制度という家督相続の争いをゼロにする制度によって繁栄を築いた徳川幕府は、黒船さえ来なかったらほとんど半永久的に続いた政権だったのではないかと考えられます。国内の戦争はありませんし、お家騒動もだいたい未然に防いでいました。

たまに百姓一揆は起こりましたが、そういう騒動が起こると「お家のお取り潰し」に発展することもあったので、大名もだんだん無理な年貢の取り立てはしなくなりました。こうした理由から徳川政権は五百年続いてもおかしくはなかったのです。

そこに誰も予想していなかった黒船がやって来ました。明治維新の始まりをいつにするかはいろいろな考え方がありますが、徳川政権が揺らぎ始めたところを起点として考えるならば、嘉永六（一八五三）年のペリー来航がその始まりになります。

「太平の眠りを覚ます上喜撰《じょうきせん》　たった四杯《しはい》で夜も眠れず」

という狂歌があります。上喜撰は上等なお茶の銘柄で、蒸気船にかけています。また四杯は四隻《しはい》にかけています。たった四隻の蒸気船がやってきただけで太平の世の中がひっくり返るほどの大騒ぎになっているというわけです。

ペリーの開国要求は強硬かつ執拗《しつよう》でした。幕府は対処しきれなくなって諸大名に相談をします。これが大失敗でした。鎖国と呼ばれる外国との交流窓口を幕府に一本化する政策を決めて実施してきたのは幕府なのですから、開国しようと思えば幕府の判断で勝手に開国すればよかったのです。それを相談という形にしてしまったために、国中に籠っていた幕府に対する不満が一気に噴き出てきました。相談された大名たちはそれぞれ勝手な意見を口にしました。そのために国政を合議《ごうぎ》制で決定しようという「公議輿論《こうぎよろん》」の考え方が広がり、幕府の権威を下げる結果となったのです。

この時期に出てくるのが水戸藩で生まれた水戸学です。この水戸学を中心として尊皇攘夷《そんのうじょうい》の思想が全国に広まります。水戸学が生まれたのには『大日本史』（初代神武天皇から第百代後小松天皇までの天皇の治世を紀伝体で著した歴史書）の編纂事業（一六五七年に始まり一九〇六年に完成）を徳川御三家の一つ、水戸藩の徳川光圀が始めたことも大きく影響しました。

歴史を勉強すれば、誰にでも幕府の上に皇室があるということがわかってきます。また幕府は家康が朱子学を勧めたために朱子学を官学としていましたが、宋の時代に生まれた朱子学は正統論ですから、どうしても皇室尊重に返ることになります。この朱子学の影響もあって、単発的な皇室尊重論者だけでなく、大名の中にも皇室を尊敬する人が出てきて世の中の気運が尊皇へと変わってきたのです。

【安政の大獄】

開国の選択は正しかったが、そのやり方に失敗した井伊直弼

このような尊皇攘夷の流れを押しとどめようと攘夷派の弾圧へと舵を切ったのが幕府の大老井伊直弼《いいなおすけ》でした。井伊直弼は文武両道に達した教養人でした。そうした井伊直弼の目から見て、開国は必然でした。井伊直弼が大老になる前の老中首座堀田正睦《まさよし》も阿部正弘も開国には賛成でした。方向性は間違いではなかったのですが、進め方を間違ったのです。

井伊大老は攘夷の考えを持っていた孝明天皇から勅許《ちょっきょ》を得られないままアメリカとの修好通商条約を結びました。また第十三代将軍家定の後継に前水戸藩主の徳川斉昭《なりあき》の子一橋慶喜《よしのぶ》を推す協調派を無視して、紀州藩主徳川慶福《よしとみ》（後の家茂《いえもち》）を指名しました。こうした強硬策に対して諸勢力が反発して井伊大老を弾劾《だんがい》する動きがありました。これを知って激怒した井伊大老が反対派を弾圧したのが安政《あんせい》五（一八五八）年から翌年にかけて行われた安政の大獄《たいごく》です。

安政の大獄によって、最先端の考えを持っていた知識人が数多く処刑されました。その中には越前藩主松平春嶽《しゅんがく》の側近で開明派の橋本左内や尊王攘夷運動の急先鋒《きゅうせんぽう》であった梅田雲浜《うんぴん》、儒学者頼山陽の三男頼三樹三郎《らいみきさぶろう》、明治維新の精神的指導者の役割を担った吉田松

陰らが含まれていました。開明派《かいめいは》の橋本左内が処刑されたのは一橋慶喜擁立運動を行ったためですが、彼の死を聞いて幕府のやり方に失望する人が多数出ました。

井伊大老は徳川斉昭も蟄居《ちっきょ》処分にしました。これに憤慨した水戸藩士に薩摩藩士一人が加わって、安政七（一八六〇）年三月三日、江戸城桜田門外で井伊大老の行列を襲撃し、暗殺しました（桜田門外の変）。幕府最高の重職である大老が城の前で浪人たちに斬り殺されたことは、幕府が崩壊する象徴的な事件になりました。徳川八百万石と称し、三河以来の武士団・旗本八万騎を抱えると言われた徳川家の武の威信は失墜し、大公儀《おおこうぎ》と言われ決して壊れるはずがないと受け止められていたイメージが一瞬にして崩れ去ったのです。

桜田門外の変のわずか七年後に大政奉還《たいせいほうかん》が行われ、その二年後には江戸城に明治天皇がお入りになったことを考えると、歴史の流れの速さには驚嘆するしかありません。この事件が以後の歴史にいかに大きな影響をもたらしたかがわかります。

井伊大老自身は立派な人でしたし、当時としては開国しか道がなかったことは確かです。徳川政権は武士の政権ですから武力に対する判断力はあったのです。黒船が江戸湾に入ってきて江戸城が砲撃されれば守りようがないことはわかっていました。だから開国という判断自体はよかったのですが、事を強引に進めようとしたことが失敗でした。あのとき知識人たちを殺さず入牢《じゅろう》ぐらいに留めておけば、歴史は違ったものになっていたはずです。

【公武合体論】

公武合体論を後押しした二人の名大名——島津斉彬と毛利敬親

井伊大老が暗殺されてから六年後の慶応二（一八六六）年十二月に第十五代将軍となった徳川慶喜は翌年十月十四日に明治天皇に対して政権の返上を上奏しました。これが大政奉還です。この大政奉還の奏上を受けて、同年十二月九日に王政復古《おうせいふっこ》の大号令が発せられました。これによって慶喜は将軍の座を下り、幕府から朝廷へと政権が移行することになりました。

このとき徳川家は、いったん政権を朝廷に返上したうえで改めて諸大名を束ねる位置に徳川が立ち、実質的に政権運営を担うことを画策していました。いわゆる公武合体論《こうぶがったいろん》です。幕府は長年政権から離れていた朝廷には行政能力がないと判断していたのです。実際、世の中の流れは公武合体のほうに向かっていました。

このとき二人の大名が大きな役割を果たしました。一人は西郷隆盛や大久保利通《としみち》を抜擢した薩摩藩主島津斉彬《なりあきら》です。もしも西郷と大久保が島津斉彬に引き上げられていなければ明治維新はならなかったでしょう。というのも西郷隆盛も大久保利通も武士の家に生まれたとはいえ低い身分でしたから、斉彬に身分を離れて人物を見る目がなかったならば決して世に出ていなかったはずです。このような抜擢人事は、それ以前の江戸時代にはなかったことで実に画期的でした。

もう一人の大名は長州藩の毛利敬親《たかちか》（慶親《よしちか》）です。この人は家臣の意見に「そうせい、そうせい」といって異議を唱えなかったところから「そうせい侯《こう》」と呼ばれていました。長州藩からは高杉晋作や吉田松陰など幕末の日本をリードした優秀な人材が輩出しますが、それは毛利敬親がいたおかげです。

この二人の大名がいたからこそ、明治維新が成り立ったと言っていいと思います。しかし、そういうもののわかった大名たちも、初めの意見は公武合体でした。公武合体とは朝廷側、すなわち公家の代表と主な大名が話し合って政務をとるという一番穏当《おんとう》な方法だったのです。

尊皇運動は朝廷（公）が政府に加われば吸収されますし、実際の政治はそれまでの治世の実績を持っている徳川家をはじめとする大名（武）が集まって合議すればよいと考えたわけです。徳川家も世の中の動きを読んでこの公武合体を想定し、大政奉還を断行したわけです。

ところが、この想定は思わぬ一言が発端となって、わずか一日にしてひっくり返ってしまう事態になりました。それが次項で述べる小御所《こごしょ》会議です。

【小御所会議】

公武合体の流れを一日にしてひっくり返した小御所会議の決定

幕末に大政奉還以後の体制を決める会議が京都御所内の小御所で開かれました。開かれたのは慶応三年十二月九日（一八六八年一月三日）、王政復古の大号令が発せられたのと同じ日です。この小御所会議の出席者は、有栖川宮熾仁《ありすがわのみやたるひと》親王などの皇族、岩倉具視《ともみ》などの公家、山内容堂《ようどう》、島津茂久（後の忠義）、松平春嶽らの前・旧藩主、それに大久保利通、後藤象二郎など新政府の要人となるべき人たちでした。

また、このとき初めて明治天皇が御簾《みす》の奥にご出席になりました。つまり、この小御所会議は近代日本になって初めての御前《ごぜん》会議（天皇臨席のもとで重要な国策を決める会議）だったのです。

この重要な会議に徳川慶喜が呼ばれていませんでした。大政奉還をしたとはいえ慶喜は前将軍ですから呼ばれて当然なのですが、呼ばれていなかったのです。会議のメンバーを見た山内容堂が「この会議に慶喜公を呼ばないのはどういうわけか」と質《ただ》しました。さらに「ここに集まっている者たちは、天皇がお若いのをいいことにして自分が天下を取り、天下をほしいままにするつもりか」と言いました。

これを聞いた岩倉具視が「天皇がお若いのをいいことに我々が勝手なことをするとは何事だ。天皇はお若くても大変聡明《そうめい》でいらっしゃる。なんたる失礼なことを言うのだ」と強く反論しました。天皇が若いことを理由にするのは天皇が頼りないと言っているようなものです。それに気づいた山内容堂は恐れ入って黙ってしまいました。

この岩倉具視の発言を受けて、今度は大久保利通が「徳川慶喜がここに列席するためには、まず恭順《きょうじゅん》の意を示さなければならない。徳川がすべての領地を差し出すべきではないか」と言いました。この岩倉と大久保の発言で、小御所会議の空気は公武合体から倒幕親政へと一直線に突き進むことになりました。

徳富蘇峰は、もしも小御所会議で無記名投票が行われれば、公武合体のほうに動いていただろうと推測しています。それが山内容堂の不用意な一言によって変わってしまったのです。歴史を動かした失言と言ってもいいでしょう。

維新の元勲《げんくん》と言われる人々も維新に至る経過は「あれよ、あれよ」という間の出来事で誰かがあらかじめ計画したようなものではなかったと語っていますが、まさにそのようにして徳川幕府は突如として終焉《しゅうえん》を迎えることになったのです。徳富蘇峰は「徳川幕府をつくった出発点が関ヶ原の戦いだとすれば、徳川幕府を終わらせたのは小御所会議である」と指摘していますが、全くその通りだと思います。

【鳥羽・伏見の戦い】

幕府軍を意気消沈させた官軍の象徴「錦の御旗」の威光

小御所会議には徳川慶喜だけでなく、もう一人の重要な人物が出席していませんでした。西郷隆盛です。西郷はこのとき御所の外にいて会議を守る役をしていました。しかし、倒幕が決まると、いよいよ西郷の出番となりました。

小御所会議が終わって一か月もしないうちに新政府軍と旧幕府軍の激突が京都郊外で起こりました。慶応四（一八六八）年一月三日から六日にかけて起こった鳥羽《とば》・伏見《ふしみ》の戦いです。鳥羽・伏見の戦いは旧幕府軍の兵力がおよそ一万五千、これに対して薩摩・長州を中心とする新政府軍は五千ほどでした。しかし、新政府軍は鉄砲が旧幕府軍よりも新しく、射程距離が長かったのが大きな武器となって、旧幕府軍は総崩れになりました。

この武器に関しては外国との戦いの経験が幸いしました。薩摩は文久《ぶんきゅう》二（一八六二）年に起こった生麦事件（薩摩藩の島津久光《ひさみつ》の行列に乱入した馬に乗ったイギリス人たちを薩摩藩士が殺傷した事件）を発端として文久三（一八六三）年にイギリスと薩英戦争をやっていますし、長州も同じ年にイギリス・フランス・オランダ・アメリカの四か国連合との戦争を体験しています。

薩摩はイギリス軍艦の砲撃によって町を焼かれていますが、逆に大砲で軍艦を大破させ、艦長も殺しています。一方の長州は四か国軍の上陸を許し、さんざんにやられています。そういう体験から、武器を新しくしていたのです。

また鳥羽・伏見の戦いでは錦の御旗が新政府軍に与えられていたことが戦局を大きく左右しました。錦の御旗は昔から官軍の旗印とされていました。歴史上、何度か錦の御旗は掲げられています。後醍醐天皇が笠置山に立てこもったときにも掲げられました。幕末の日本人はたいがい南北朝時代を描いた『太平記』を読んでいましたから、この旗の意味をよく知っていました。

鳥羽・伏見の戦いのときには薩摩藩の本陣のあった京都の東寺に錦の御旗が掲げられました。実はこれは岩倉具視が西陣織の帯を竿に付けたものを錦の御旗と称したとも言われていますが、誰も実物の錦の御旗を見たことがなかったので、旗が掲げられたと聞いて幕府軍の士気は減退してしまったのです。

錦の御旗はその後、有栖川宮親王が官軍を率いて東海道を江戸に進むときの進軍歌の歌詞にも使われました。

「みやさんみやさん　御馬の前でチラチラするのはなんぢゃいな　トコトン、ヤレ、トンヤレナ　あれは朝てきせいばつせよとのにしきの御旗じゃ　知らないか　トコトン、ヤレ、トンヤレナ」

という歌です。

もしも徳川慶喜が戦いを選択していたら英仏軍も参戦していた!?

錦の御旗が出たと聞いて徳川慶喜は戦意を失ったとも伝えられています。大坂城にいた慶喜は戦いを放棄して軍艦開陽丸《かいようまる》で江戸に逃げ帰りました。そして、後を勝海舟に託して自らは上野の寛永寺《かんえいじ》に蟄居して天皇に恭順の姿勢を示しました。もともと慶喜は尊皇的な思想を強く持つ水戸藩の出身ですから、腰を据えて官軍と戦う気はなかったのでしょう。

もしも慶喜が断固戦うと宣言していたら、日本には大きな内乱が起こり、結果もどうなっていたかわかりません。

薩長方には軍艦がほとんどなかったのに引き換え、幕府は何隻もの軍艦を持っていました。幕府が本気で戦うつもりなら、東海道を進んでいった官軍は箱根の山あたりで幕府軍と衝突していたでしょう。そこで幕府軍が応戦している間に軍艦に乗って大坂に逆上陸して後方を押さえれば官軍は干上がってしまい、一遍に形勢逆転していたはずです。

実際そういう計画を立てた小栗上野介忠順《おぐりこうずけのすけただまさ》という幕府の家来もいました。小栗は引きこもろうとする慶喜の袴《はかま》を押さえて「ぜひ戦わせてくれ」と迫りましたが、慶喜はそれを振り切って退いてしまったと言われています。

また外国軍の参戦も考えられました。フランスは幕府を援助すると言っていましたから、フランスが幕府側につく可能性もあったのです。そうなれば薩長側にはイギリスが味方して、英仏を巻き込んだ戦争が起こっていたかもしれないのです。その代償として、勝ったほうが味方をしてくれたフランスかイギリスに日本の領土の一部を譲り渡すような事態になっていたかもしれません。

その意味では、慶喜が天皇への恭順の意を示したことによって日本は救われたのです。それからは西郷隆盛と勝海舟の話し合いによって江戸城は無血開城することになりました。幕府側の抗戦派が上野に立てこもって抵抗しましたが、すぐに潰されてしまいます。

その後は残党征伐のような形で戊辰《ぼしん》戦争が始まりますが、最後まで頑張った榎本武揚《えのもとたけあき》も函館戦争で降参して戦争は終結しました。外国の革命に見られるような血で血を洗う戦争はほとんどないまま終わったと言っていいでしょう。

井伊大老が安政七（一八六〇）年三月三日に桜田門外で暗殺されてから明治天皇が慶応四（一八六八）年十月十三日に東京に移るまで、わずか八年半です。いったん大きな歴史が動き出すと、誰がどんな計画を立てようとも、歴史の流れの速さには抗うことができないのです。

第五章
新しい日本の創生と欧米列強の圧力
【近代】

「復古」と「維新」の二つの実現を目指した明治維新

こうして幕府から朝廷へと権力が移行されました。この一連の動きを明治維新と言います。明治維新は革命ではありません。革命であれば、前政権にかかわった人たちは処刑されるか追放されるのが常識です。フランス革命やロシア革命などはその典型です。フランス革命では国王ルイ十六世も王妃マリー・アントワネットもギロチンにかけられましたし、ロシア革命では皇帝一族だけでなく、その馬まで殺されています。

明治維新では戊辰戦争で戦死した人はいたものの、過激な意見を抑える勢力がありました。官軍でも戦ったのは武士ですから、もし徳川慶喜が降参しなければ、すんなり明治維新が実現しないだろうとわかっていたはずです。

だから維新の後も大名家は原則として取り潰しませんでした。その多くは今でも各地方の名家として存続しています。慶喜に至っては従一位勲一等公爵の地位が与えられ、貴族院議員にまでなっています。彼が亡くなったのは大正二（一九一三）年のことです。これも明治維新が革命ではなかった証拠です。

明治維新には二つの要素がありました。一つは復古、元へ戻ることです。もう一つは維新、新しくなることです。復古に関しては宮中の伝統的な祭礼や儀式を復活させました。維新に関しては、明治天皇自らが洋装をしたり、晩餐会の食事をフランス料理に変えるなどして国民の手本となりました。

　復古と維新は元来相反するものですが、それを同時に実現したのが明治維新でした。最初は宮廷の過激な復古派が仏教寺院や仏像・仏具などを破壊する廃仏毀釈《はいぶつきしゃく》という過激な改革を行いましたが、それもすぐにやみ、その後は維新が改革の中心になっていきました。

　維新の根本精神は、慶応四年三月の五箇条の御誓文《ごせいもん》に明らかです。

一　広ク会議ヲ興シ万機公論ニ決スベシ

一　上下心ヲ一ニシテ盛ニ経綸ヲ行フベシ

一　官武一途庶民ニ至ル迄各其志ヲ遂ケ人心ヲシテ倦ザラシメン事ヲ要ス

一　旧来ノ陋習ヲ破リ天地ノ公道ニ基クベシ

一　智識ヲ世界ニ求メ大ニ皇基ヲ振起スベシ

　これは明治天皇が神に誓うという形で公家や諸侯に対して示されました。これが、近代日本の指針となりました。

【岩倉使節団】

富国強兵と殖産興業――欧米視察で見えてきた近代日本の進む道

後に日本で最初の内閣総理大臣に就任することになる伊藤博文は、幕末の文久三（一八六三）年に井上馨《かおる》ら長州藩の五人の藩士とともにロンドンに留学しています。その翌年、仏英蘭米の四か国連合と長州との戦争が起こりそうだという知らせを聞いて、井上馨とともに急いで帰国し、必死で戦争回避の交渉を行います。結局それは実らなかったのですが、彼らがイギリスで海軍施設や工場を見て回って日本との差を感じたことは明治新政府にとって大きな財産となりました。

世の中にはいくら本を読んでも自分の目で現物を見なくてはわからないことがたくさんある――伊藤や井上は新政府の首脳にそう説いたに違いありません。明治四（一八七一）年から明治六（一八七三）年にかけての二年間、岩倉具視を団長とし大久保利通や木戸孝《たか》允《よし》といった政府首脳や留学生百七名が使節団を組織して、アメリカとヨーロッパ諸国を視察に出かけることになりました。これは画期的な出来事でした。

新政府の首脳が二年間も国を空けるというのは普通では考えられません。フランス革命はアメリカの独立を真似して行われましたが、フランス革命後の二年間、ロベスピエールなどの革命の中心人物がアメリカ視察に行くことは想像もつきません。それどころか彼は一七九二年に第一共和政が成立した二年後にギロチンで処刑されているのです。ロシア革命でも、トロツキーやレーニンが二年間も外国の先進国を見て回ることは不可能です。

欧米を視察した一行《いっこう》は驚きました。何しろ二百五十年近くも鎖国をしていたのです。まず驚いたのは蒸気機関車です。当時の日本の乗り物は馬か駕籠《かご》でしたから驚くのは当然です。また大勢が一度に泊まれるホテルがあり、ロビーに絨毯《じゅうたん》が敷いてあるのも驚きでした。日本の宿屋とは比較になりません。当時の日本には毛織物はなく、絨毯の切れ端を宝物にしていました。そんな貴重なものの上に土足で上がるので仰天《ぎょうてん》してしまったのです。

一行はアメリカからヨーロッパに回ります。欧州はナポレオン戦争が終わって半世紀たった頃で軽工業から重化学工業への移行期です。機械も改良が進んで見たことのないようなものばかりだったはずです。行く先々で腰が抜けるほど驚いたことでしょう。

ある日、彼らはロンドンに集まって、「日本はどれくらい遅れているだろう」と話し合いました。いろいろな意見が出た結果、「五十年ぐらいじゃないか」ということで意見が一致しました。そのとき彼らは「五十年なら追いつける」と確信しました。同時に、「武力がなければ話にならない。それには商工業を発達させる必要がある」と考えました。

この瞬間、日本の進路は富国強兵、殖産興業《しょくさんこうぎょう》を大原則にすることが決まったのです。

【征韓論】

維新の功労者・大西郷の説得力と悲劇的な最期

岩倉使節団が出発する明治四（一八七一）年に廃藩置県が行われました。これは明治二（一八六九）年から始まった版籍奉還《はんせきほうかん》（大名から天皇に領地と領民を返還すること）に伴って行われたものです。中央政府をつくっても財源がなければ何もできません。その財源確保の方法として廃藩置県が考えられたのです。

しかしこれは天地をひっくり返すような大改革でした。維新を興した人たちはもともと武士ですから、自分が仕えた殿様をなくすというのは心情的にも難しいものがあったのです。そこで担ぎ出されたのが西郷隆盛でした。西郷というのは不思議な人で、この人が出てくるとなぜかみんなが納得してしまうという説得力の持ち主でした。この廃藩置県のときも抵抗する人は誰もなく、拍子抜けするほどのあっけなさで無事完了したのです。

西郷は政府首脳が欧米を回っている間の留守番役も務めました。西郷がいたから二年も日本を留守にできたのです。岩倉たちは「留守の間は何もしないでくれ」と西郷に言い含めていたようですが、時代の流れの速さはそれを許しませんでした。

明治維新によって新しい政府ができたことを受けて外国諸国と国交を開く必要があると

いうことで、日本はまず明治四（一八七一）年に清国と日清修好条規《しゅうこうじょうき》を結びました。そのあと朝鮮とも国交を開こうとして新政府は朝鮮国王に外交文書を出しました。ところが、文書の中に「皇」とか「勅」という字が使われていたことが問題になりました。

朝鮮は長い間、清国の属国でしたから皇帝とは清の皇帝のことで、朝鮮に勅語を出すのも清の皇帝以外には考えられません。彼らにとって「皇」や「勅」というのは清国皇帝しか使えない言葉なのです。それが日本の国書に使われていたため突き返してきたのです。

日本としては政治体制が変わって天皇親政の国になったことを伝えたかっただけなのです。それを説明して文書まで書き直しましたが、朝鮮は受け取りません。この間まで武士だった人たちは「無礼《ぶれい》である」と憤慨《ふんがい》し、朝鮮征伐の意見が出てきました。征韓《せいかん》論です。

西郷はそのとき、「いきなり攻めるような無茶はやってはいけない。外交文書のやりとりで埒《らち》が明かないなら自分が特使として朝鮮に行って直談判《じかだんぱん》しよう。そこで自分が殺されるようなことがあれば出兵もやむを得ない」といきり立つ人々をなだめました。

そこに帰って来た岩倉たちは国内が征韓論で沸き立っているのを見て驚きました。大久保は「今、朝鮮と戦争をやる暇はない。一刻も早く商工業を興して富国強兵策を実行しなければ西洋に呑み込まれてしまう」と主張しました。そして幼馴染の西郷に「あんたもとにかく世界を見てきてくれ」と説得します。しかし残念なことに西郷はこのとき病気にかかっていて、外国旅行ができるような体ではありませんでした。

西郷は騒動の責任を一身に背負って潔く下野《げや》して薩摩に帰ってしまいます。そしてこの後、明治十（一八七七）年に西南戦争が起こるのです。西南戦争は西郷が明治政府に対して起こした反乱ととらえられがちですが、実際は違います。明治になって武士としての地位を奪われ、かといって代わりに何をもらえるわけでもなかった士族たちが不満を募らせて、絶対的な求心力《きゅうしんりょく》のある西郷を担ぎ上げたのです。西郷は、その神輿《みこし》にあえて乗ったものと思われます。

西南戦争では最強と謳われた薩摩の軍隊が寄せ集めの百姓軍隊と揶揄《やゆ》されていた官軍に負けてしまい、西郷は鹿児島の城山《しろやま》で自刃します。西郷が負けて西南戦争が終わると、それ以上政府に反抗する武士はいなくなりました。これで日本は完全に統一されたと言っていいでしょう。

西郷隆盛の死を惜しむ人はたくさんいました。明治天皇も西郷が大好きでした。西郷は西南戦争で政府軍に抵抗したため一時は逆賊《ぎゃくぞく》とされていました。しかし、明治憲法が発布されるときに、明治天皇の指示によって取り消されました。「大西郷」と言われるように、今もなお西郷隆盛は日本の歴史の中で燦然《さんぜん》と輝き続けています。

《コラム5》 西郷隆盛と庄内藩を結ぶ縁

西郷隆盛は私の故郷の庄内《しょうない》（山形県）とも縁の深い人物です。庄内藩は幕末に幕府に命じられて江戸の治安維持を担当し、薩摩屋敷を焼き討ちにしたことがあります。そのため戊辰戦争（一八六八～一八六九）後、薩摩藩の黒田清隆《きよたか》が鶴岡城の接収《せっしゅう》に来たときには、どんな取り扱いをされるのかと庄内藩士たちは戦々恐々《せんせんきょうきょう》としていました。

ところが、黒田清隆はあたかもお客さんを迎えるようにして庄内の殿様を迎えました。どうやら西郷隆盛がそうするように命じていたようです。このような処遇を受けて庄内藩は西郷のファンになりました。だから西南戦争のときは、庄内藩から西郷の軍に合流した人もたくさんいました。西郷は「あなたたちは薩摩藩士ではないのだから帰りなさい」と諭して大部分は帰したようですが、一緒に戦って戦死した人も何人かいます。

西郷隆盛の語録を集めた『西郷南洲翁遺訓』という本があります。この本は庄内藩の若者たちが西郷のところへ勉強にいって聞いた話がもとになって作られました。西南戦争で西郷は朝敵（天皇・朝廷に敵対する勢力）となってしまったため、なかなか表に出せなかったのですが、明治二十二（一八八九）年に許された後でようやく日の目を見ました。

庄内では戦後も西郷神社をつくるなど、今でも西郷隆盛への感謝を忘れていません。

【憲法制定】

不平等条約を改正するためには何が必要かと考えた伊藤博文

安政五（一八五八）年、幕府は欧米五か国（アメリカ・イギリス・フランス・ロシア・オランダ）と通商条約を結び、正式な国交を持つようになりました。しかし、このとき日本は二つの不利な条項を押し付けられました。

一つは関税自主権という輸入品に税金をかける権利です。条約では日本が関税率を変える場合には、必ず相手国と協議しなければならないとされていました。相手が承諾しないと関税率を変えられないとなると、西洋諸国から低い税率の安い商品がどんどん入ってきて日本の国内産業が潰れてしまう恐れがありました。

二つ目は治外《ちがい》法権（領事裁判権）です。日本で悪事を働いた外国人を捕まえたとしても日本の裁判では裁けず、その権利はその国の領事館が持つことになりました。これは要するに日本に主権がないということです。

明治政府はこの二つの不平等条約からどうすれば抜け出せるかと考えました。西洋諸国にしてみればどちらも自分たちに有利に働く権利ですから、簡単に手放そうとしません。関税はともかく、日本で悪事を働いた外国人を日本の裁判所では裁けないというのは情けない話です。しかし西洋諸国には、アフリカやインドやシナなどいろいろな国の国情《こくじょう》を見て、野蛮な国の法律で自国民が裁かれるのは心配だという論理があったのです。

まず日本にもちゃんとした法律があることを示して理解させなければならないだろうと政府首脳は考えました。そのためには早急に憲法を制定して、日本が近代的な法治《ほうち》国家であると認めさせなければなりません。

そこで若い頃にイギリス留学の経験があり、岩倉使節団にも随行した伊藤博文を西欧の憲法の調査に派遣することにしました。どこの憲法を参考にすればいいかと考えたとき、伊藤博文はまず議会制民主主義（国民が選んだ議員が政治を行うことによって、国民の意思が政治に反映されるようにした政治制度）が確立され、しかも王室が安定しているイギリスの憲法を参考にしてはどうかと思いました。ところが、イギリスの法律は慣習法で、法典として成文化された憲法がありません。これでは真似しようにもできません。

次に伊藤が考えたのは幕府と親しかったフランスの憲法です。フランスには憲法はありましたが、天皇を戴く日本とは全く違う共和制（君主を持たない政治形態）です。これでは参考にならないと諦めました。アメリカもペリー以来の深い関係にありましたが、フランスと同じ理由で参考になりません。

悩みながら伊藤が最初に向かったのはハプスブルク家の支配していたオーストリアでし

た。当時のオーストリアには皇帝がおり、政治形態も日本と似ていたのです。伊藤はシュタインという憲法学者から立憲君主制《りっけんくんしゅせい》（君主は存在するが、その権力が憲法によって規制されている政治形態）というものを教えてもらいました。ようやく手本になりそうな国が見つかったと、伊藤は非常に喜びました。その次に伊藤はドイツに行きます。ドイツはちょうどビスマルクの時代で、隆々《りゅうりゅう》と栄えていました。ビスマルクに面会して憲法の相談をすると、ビスマルクはグナイストというヨーロッパで一番の憲法学者を紹介してくれました。

グナイストは伊藤の話を聞くと「ドイツ帝国の憲法は参考にならないでしょう」と言いました。というのも、ドイツ帝国は普仏《ふふつ》戦争で勝って、バイエルンやプロシアなど三十幾《いく》つの小国を統一した連合国家だからです。日本とは成り立ちが違うというわけです。

がっかりする伊藤にグナイストは「日本は昔のプロイセンに似ているからプロイセン憲法を手本にしてはどうですか」と助言しました。プロイセンはドイツ帝国の中心になった国で国王がいますから、日本には参考になるだろうというわけです。

グナイストは親切にも伊藤に対してプロイセン憲法の講義をしてくれました。それを伊藤の随行員たちが筆記しました。そして日本に帰ってその講義録を翻訳し、必死に勉強しました。そしてプロイセン憲法を骨格にし、新たに手を加えた明治憲法（大日本帝国憲法）が明治二十二（一八八九）年二月十一日に発布されることになったのです

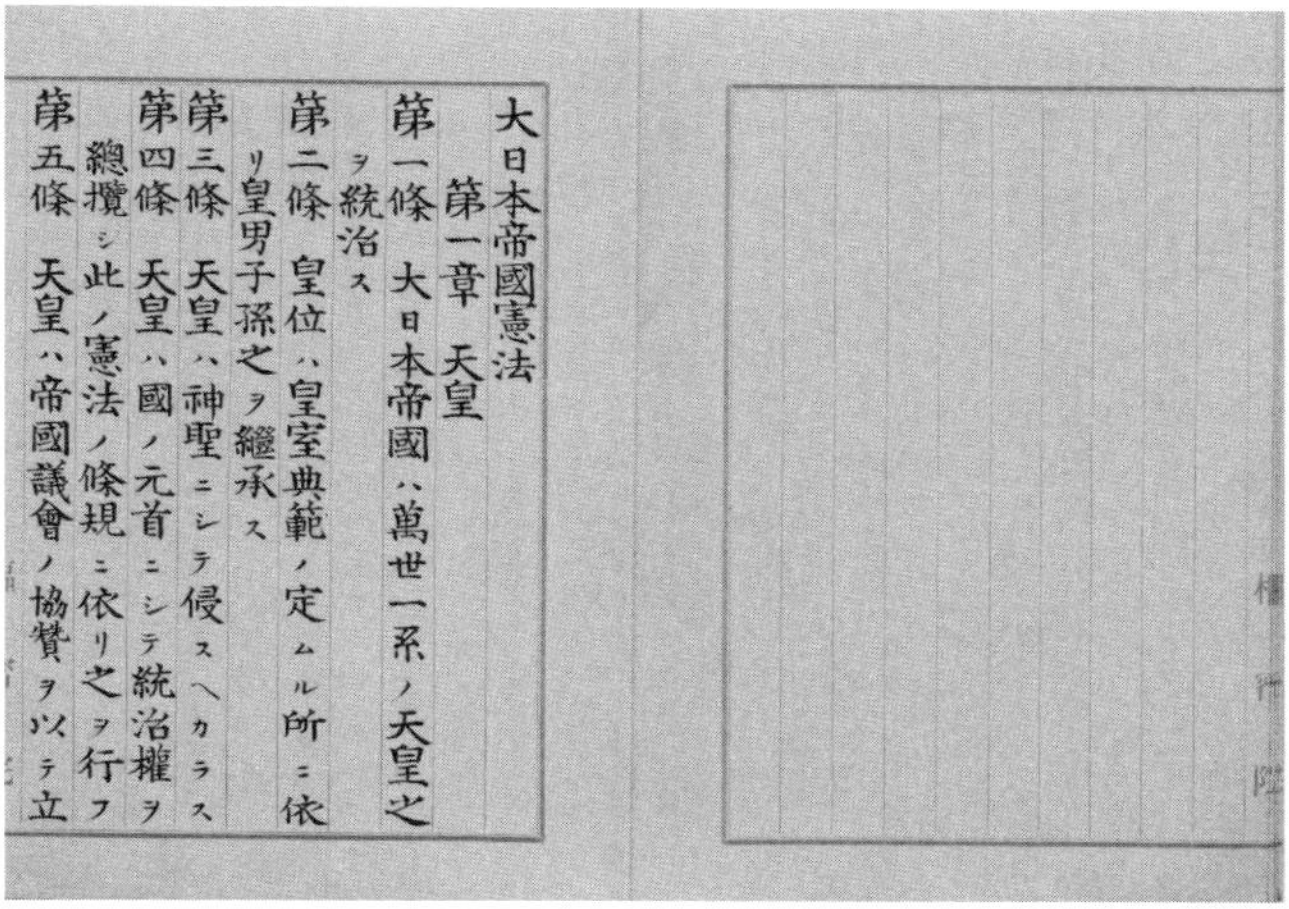

大日本帝國憲法
第一章　天皇
第一條　大日本帝國ハ萬世一系ノ天皇之ヲ統治ス
第二條　皇位ハ皇室典範ノ定ムル所ニ依リ皇男子孫之ヲ繼承ス
第三條　天皇ハ神聖ニシテ侵スヘカラス
第四條　天皇ハ國ノ元首ニシテ統治權ヲ總攬シ此ノ憲法ノ條規ニ依リ之ヲ行フ
第五條　天皇ハ帝國議會ノ協贊ヲ以テ立

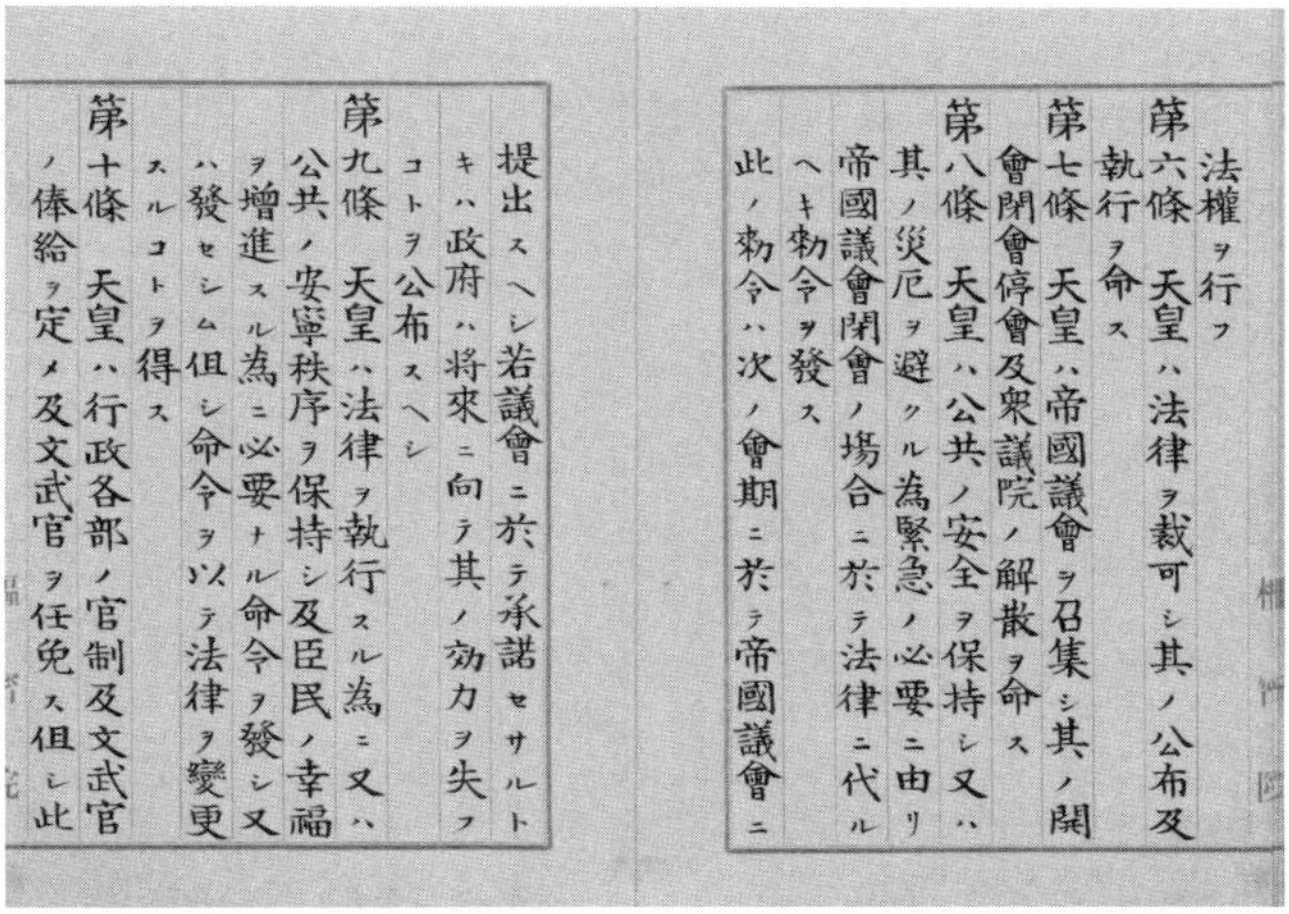

法權ヲ行フ
第六條　天皇ハ法律ヲ裁可シ其ノ公布及執行ヲ命ス
第七條　天皇ハ帝國議會ヲ召集シ其ノ開會閉會停會及衆議院ノ解散ヲ命ス
第八條　天皇ハ公共ノ安全ヲ保持シ又ハ其ノ災厄ヲ避クル為緊急ノ必要ニ由リ帝國議會閉會ノ場合ニ於テ法律ニ代ルヘキ勅令ヲ發ス
此ノ勅令ハ次ノ會期ニ於テ帝國議會ニ提出スヘシ若議會ニ於テ承諾セサルトキハ政府ハ将來ニ向テ其ノ効力ヲ失フコトヲ公布スヘシ
第九條　天皇ハ法律ヲ執行スル為ニ又ハ公共ノ安寧秩序ヲ保持シ及臣民ノ幸福ヲ增進スル為ニ必要ナル命令ヲ發シ又ハ發セシム但シ命令ヲ以テ法律ヲ變更スルコトヲ得ス
第十條　天皇ハ行政各部ノ官制及文武官ノ俸給ヲ定メ及文武官ヲ任免ス但シ此

明治二十二年二月十一日に公布された大日本帝国憲法

写真提供：国立公文書館デジタルアーカイブ

【教育勅語】

明治天皇の指示によって定められた「教育勅語」の普遍性

明治憲法は非の打ち所のない立派な内容を備えたものでした。しかしそれは、日本人の日常生活の感覚とは必ずしもマッチしませんでした。

同時に、明治の初めの頃、日本人の倫理道徳をどう考えるべきかが問題になっていました。幕末の倫理規範は四書五経からなる儒教です。ところが、儒教を信奉していた清国はアヘン戦争でイギリスに大敗するなど、西洋からやられ放題でした。

それを見た日本の知識階級は、「こんな国のものが手本になるのか」と疑問を持ちました。庶民階級の道徳は貞永式目の道理に仏教の教えを加えた「嘘をついたら閻魔《えんま》様に舌を抜かれるぞ」という程度のもので十分だったのですが、知識階級は「我々の倫理はどこに求めるべきか」といろいろな学説にこだわりました。

ある大学では修身の授業にアメリカの本を使っていました。それをご覧になった明治天皇は「これでいいのか」という疑問を抱かれました。そして儒教の代表として儒学者の元《もと》田永孚《だながざね》、洋学の代表として法制局長官で国学にも詳しかった井上毅《いのうえこわし》に相談して、憲法と日本人の体質との隙間を埋め、近代日本人の倫理道徳の根本になるものを作ることになりました。それが憲法発布の翌年、明治二十三（一八九〇）年に明治天皇の名で発布された「教育ニ関スル勅語」（教育勅語）です。

教育勅語の理念は日本人の伝統的価値観を簡潔にまとめたものです。最初に万世一系の皇室の尊さを述べ、次に「親を大事にせよ」「友人や配偶者と仲良くせよ」「身を慎んで学業に励め」「人格を修養せよ」そして「国の繁栄に貢献せよ」といった、誰もが感覚的に納得できる徳目が並びました。

教育勅語を作るときには西洋諸国が「日本が変な宗教を押し付けるのではないか」と警戒しないように、いかなる宗教の匂いもしないこと、いかなる特定の学者の倫理学論の匂いもしないこと、そして誰が見ても文句のない徳目を並べることに注意を払いました。そして完成した教育勅語を英・独・仏・漢語に訳して世界中に配り、反応を見ました。その結果、反対する国は一つもなく、むしろ讃えられるほどでした。

教育勅語が特徴的なのは、皇祖皇宗《こうそこうそう》と皇室を崇める言葉から始まっているところです。これは国体《こくたい》（国のかたち・体質）がわからないと倫理の基礎が成り立たないと考えたからでしょう。当時の日本人の多くは日本が一つの国であるという実感がまだ薄く、むしろ慣れ親しんだ江戸時代の殿様にシンパシーを感じる人が多かったはずです。だから日本の倫理の大本は天皇、皇室であるということを最初にはっきりさせる必要があったのです。

国体は英語でコンスティテューション（constitution）と言います。これには「体質」「憲法」という意味があります。だから本来、憲法とは国の体質を表しているものなのです。ところが、明治憲法が必ずしもそういうものとして作られなかったため、教育勅語によって国の体質を表すことにしたのです。

そして教育勅語の最後には明治天皇のお言葉として「咸其ノ徳ヲ一ニセンコトヲ庶幾フ」とあります。「やれ」と命令するのではなく、「一緒にやりましょう」と言って終わっているのです。だから教育勅語は法律とは違います。たとえてみれば、親鸞《しんらん》上人の法話を仏教徒が聴いているようなもので、明治天皇のお言葉を日本人が聴いているという感覚です。

教育勅語ができると、第二次世界大戦の終戦まで日本で倫理論が問題になることはありませんでした。占領軍も初めは教育勅語を廃止するつもりはなかったのですが、反皇室の立場をとる左翼の主導で、衆議院の議会決議を経て廃止されることに決まりました。

しかし教育勅語は法律ではないので、元来議会が廃止を決めるようなものではありません。衆議院が日蓮の言葉や親鸞の言葉を廃止できないのと同じです。ただ、戦後間もない頃で戦前の価値観を否定する風潮が強く、そうした正論はなかなか通りませんでした。

皆さんもぜひ一度、教育勅語を読んでみてください。そして、そこに込められた精神を理解していただきたいと思うのです。

「教育ニ関スル勅語」（教育勅語）

朕惟《オモ》フニ我カ皇祖皇宗国ヲ肇《ハジ》ムルコト宏遠ニ徳ヲ樹ツルコト深厚ナリ我カ臣民克ク忠ニ克ク孝ニ億兆心ヲ一ニシテ世世厥《ソ》ノ美ヲ済《ナ》セルハ此レ我カ国体ノ精華ニシテ教育ノ淵源亦《マタ》実ニ此ニ存ス爾《ナンジ》臣民父母ニ孝ニ兄弟ニ友ニ夫婦相和シ朋友相信シ恭倹己レヲ持シ博愛衆ニ及ホシ学ヲ修メ業ヲ習ヒ以テ智能ヲ啓発シ徳器ヲ成就シ進テ公益ヲ広メ世務《セイム》ヲ開キ常ニ国憲ヲ重シ国法ニ遵ヒ一旦緩急アレハ義勇公ニ奉シ以テ天壌無窮ノ皇運ヲ扶翼《フヨク》スヘシ是《カク》ノ如キハ独リ朕カ忠良ノ臣民タルノミナラス又以テ爾祖先ノ遺風ヲ顕彰スルニ足ラン

斯ノ道ハ実ニ我カ皇祖皇宗ノ遺訓ニシテ子孫臣民ノ倶《トモ》ニ遵守スヘキ所之ヲ古今ニ通シテ謬《アヤマ》ラス之ヲ中外ニ施シテ悖《モト》ラス朕爾臣民ト倶ニ拳拳服膺シテ咸《ミナ》其徳ヲ一ニセンコトヲ庶幾《コヒネガ》フ

明治二十三年十月三十日

御名御璽

《教育勅語・現代語訳》

私が思うには、わが祖・神武天皇をはじめとする歴代の天皇がこの国を建てられ、お治めになってこられたご偉業は宏大で、遼遠であり、そこでお示しになられたひたすら国民の幸せを願い祈られる徳は実に深く、厚いものでありました。それを受けて、国民は天皇に身をもって真心を尽くし、祖先と親を大切にし、国民すべてが皆、心を一つにしてこの国の比類なき美風をつくり上げてきました。これはわが国柄のすぐれて美しいところであり、教育が基づくべきところも、実にここにあると思います。

国民の皆さん、このような教育の原点を踏まえて、両親には孝養を尽くし、兄弟姉妹は仲良くし、夫婦は心を合わせて仲睦まじくし、友人とは信じ合える関係となり、さらに自己に対しては慎ましやかな態度と謙虚な心構えを維持し、多くの人々に対しては広い愛の心をもとうではありませんか。

また、学校では知識を学び、職場では仕事に関わる技術・技法を習得し、人格的にすぐれた人間となり、さらにそれに留まらず一歩進んで、公共の利益を増進し、社会のためになすべき務めを果たし、いつも国家秩序の根本である憲法と法律を遵守し、その上で国家危急の際には勇気を奮って公のために行動し、いつまでも永遠に継承されて行くべきこの日本国を守り、支えて行こうではありませんか。

このように実践することは、皆さんのような今ここに生きる忠実で善良な国民だけのためになされることではなく、皆さんの祖先が昔から守り伝えてきた日本人の美風をはっきりと世に表すことでもあります。

ここに示してきた事柄は、わが皇室の祖先が守り伝えてきたお訓《さと》しでもあり、われわれ皇室も国民もともどもに従い、守るべきものであります。これは昔も今も変わるものでなく、また外国においても充分に通用可能なものであります。私は皆さんと一緒になってこの大切な人生の指針を常に心に抱いて守り、そこで実現された徳が全国民にあまねく行き渡り、それが一つになることを切に願います。

（『教育勅語の真実』伊藤哲夫・著／致知出版社刊より）

【渋沢栄一】

私利のためではなく国のために生きた資本主義の父

明治新政府が富国強兵政策を推進するための殖産興業の分野で大きな貢献をしたのが渋沢栄一です。渋沢栄一は「日本資本主義の父」と呼ばれるように、日本の近代化のために一生を捧げた愛国者でした。渋沢栄一と同じ時期に活躍した人に三菱財閥を築いた岩崎弥《や》太郎《たろう》がいます。岩崎弥太郎はあるとき隅田川に浮かべた船に渋沢栄一を呼んで接待しました。そのときに岩崎は渋沢にこう語りかけました。

「渋沢さん、私と手を組まないか。あなたと私が手を組めば日本の経済は自由になる」

岩崎の申し出に渋沢はこう答えました。

「私はそんなことに興味はありません。私はなるべくたくさんの人が株式会社に参加するようにしたいのです」

個人的な金儲けには興味がないときっぱり断ったのです。

渋沢栄一は幕末にフランスのパリで開催される万国博覧会に将軍徳川慶喜の名代として出席した弟の徳川昭武の随行員としてヨーロッパに行きました。そのとき金銭管理を担当しましたが、預かったお金を株で運用して日本人として初めて海外で儲《もう》けているのです。

大政奉還の知らせを受けて帰国した後は、一時大蔵省に入り国立銀行条例の制定などに携わりますがすぐに退職して、その後は多くの地方銀行や多様な企業の設立にかかわります。渋沢栄一が設立した企業には、キリンビールやサッポロビール、東京瓦斯《ガス》、王子製紙、東洋紡績《ぼうせき》、大日本製糖《せいとう》、秩父セメント、秩父鉄道、京阪電気鉄道、帝国ホテルなど五百社以上があると言われます。東京証券取引所や理化学研究所も渋沢が設立しました。ヨーロッパをつぶさに見てきた渋沢には、何をやれば儲かるかがよくわかっていたのです。

しかし、中にはすぐには儲からない企業もありました。資本金の出資者が「出資金を返してほしい」と渋沢に申し出てきたこともありました。すると渋沢は求められるまま出資金を返却しました。しばらくしてその企業が儲かり始めると、その出資者が「もう一度あの会社の株がほしい」と言ってきました。なんとも都合のいい申し出なのですが、渋沢は嫌な顔一つせず株を与えました。「なるべくたくさんの人が株式会社に参加するようにしたい」という言葉を実践していたのです。

渋沢は晩年、「財閥を作ろうと思えば三井や三菱よりもずっと大きなものが作れた。しかし作らなかった」と言っています。それは本当だったでしょう。明治政府もよくわかっていたようです。岩崎弥太郎には男爵の位が与えられましたが、渋沢栄一にはその一つ上の子爵《ししゃく》の位が与えられています。国のために働いたことが評価されたのです。

第一回ノーベル医学賞の最終候補者となった北里柴三郎

明治政府は西洋に一日でも早く追いつくために、各国に秀才たちを留学させて、知識はもちろん、基本的な制度までしっかり学ばせました。留学生たちは期待に応えて大きな成果を上げ、日本の近代国家への歩みを速めることに貢献しました。

とくに自然科学の分野での日本人の活躍には目を見張るものがありました。明治二十九（一八九六）年にノーベル賞が発足しますが、第一回ノーベル生理学・医学賞の最終候補に北里柴三郎の名前があったと言われます。明治維新からわずか二十九年でノーベル賞の最終候補に残るほどの人物が現れたのですから、驚くしかありません。

しかも、このとき医学賞を受賞したドイツのベーリングは北里柴三郎と同じ研究室の同僚で、受賞理由となったジフテリア菌の血清《けっせい》療法の研究は、北里と破傷風菌《はしょうふうきん》の共同研究を行ったこと、そこで北里が血清療法を考え出したことが原点となっています。つまり、北里がいなければベーリングのノーベル賞はなかったのです。

その点では北里柴三郎にノーベル賞が与えられても不思議ではなかったのですが、当時は現在とは比較にならないほどの有色人種への差別があり、またドイツはヨーロッパ医学界の中心でもあったため、結局ノーベル賞はベーリングに与えられたのです。

このようなことはその後もしばしば起こりました。たとえば野口英世は明治四十四（一九一一）年に梅毒の病原体であるスピロヘータを発見しました。これもノーベル賞を受賞してもおかしくない大発見でした。実際に三回も推薦され候補者に名を連ねています。また明治四十三（一九一〇）年にオリザニンというビタミンB_1を発見した鈴木梅太郎も受賞していません。その後、さまざまなビタミンの発見者がノーベル賞をもらっているのに、史上初めてビタミン類の発見をした鈴木梅太郎が受賞できなかったのは不思議です。

ほかにも細菌学の分野では、明治三十一（一八九八）年に志賀潔《しがきよし》が赤痢《せきり》菌を発見しています。西洋人が有色人種には理解できないと思い込んでいた自然科学の分野で多くの日本人が業績を残したのです。これによって日本人は自然科学でも欧米人と肩を並べて研究できるという自信を持ちました。それが有色人種の活躍が始まるきっかけとなりました。

実際に日本人が初めてノーベル賞を受賞したのは昭和二十四（一九四九）年のことです。理論物理学者の湯川秀樹が中間子《ちゅうかんし》（原子核の中で陽子と中性子を結合させる媒介となる物質）理論構想によって受賞したのです。湯川博士は有色人種として自然科学分野で初めてのノーベル賞受賞者となりました。そして今では、毎年のように日本人のノーベル賞受賞者が出ています。これは皆さんもよくご承知のことでしょう。

【三国干渉】

日清戦争勝利の喜びに冷水を浴びせかけられた三国干渉の屈辱

明治の富国強兵はどのように進んだのでしょうか。海軍は最強の海軍国であったイギリスに学びました。これは選択の余地はありません。一方、陸軍は幕府とのつながりで当初はフランスから学びましたが、普仏戦争でドイツがフランスに勝つとドイツに学ぶようになりました。ドイツの陸軍参謀本部からクレメンス・メッケル少佐という近代ドイツ陸軍の父モルトケ（大モルトケ）の愛弟子を呼んで参謀教育から始めて体制を整えました。

この頃の日本人が深刻に考えていたのは「西洋人の植民地にされるのではないか」ということでした。当時、有色人種の独立国は事実上、日本とトルコしかありませんでした。シャム（タイ）もかろうじて独立を保っていましたが、いつ植民地にされてもおかしくない状況でした。福沢諭吉が「脱亜入欧《だつあにゅうおう》」を唱えていますが、これも近代化しなければ白人の奴隷になってしまうという焦燥《しょうそう》感から出たものです。そこで彼は「下からの近代化」を唱え、慶應義塾をつくって、塾生たちに「官僚にならず、民間人として新知識を活用せよ」と説いたのです。

明治政府も同じ危機感を抱き、「上からの近代化」を目指しました。その一環として、日本以外にアジアに独立国があることが望ましいと考え、朝鮮に清国からの独立を勧めました。しかし、清国がそれを許しませんでした。「朝鮮は二百年来、清国の属国なのだから日本は余計な口を挟むな」というわけです。これが発端となってトラブルが起こり、明治二十七（一八九四）年に日清戦争が勃発しました。

日清戦争が起こる前に、清国は定遠《ていえん》、鎮遠《ちんえん》という二隻の巨大軍艦を派遣して日本を脅しました。長崎に立ち寄った際には乗組員が上陸して乱暴を働き、死者が出ています。日本人は軍艦の大きさに最初は驚きました。しかし小回りが利かないという弱点をすぐに見抜き、海軍は小型で速度が速く、速射砲《そくしゃほう》を打てるような船を次々に配備していきました。陸軍もドイツ参謀本部の指導で師団を組織し、近代的な戦争に対応する準備を進めました。

これが日清戦争の結果に直結しました。日本海軍は黄海の海戦で清国海軍の五隻の巡洋艦《じゅんようかん》を沈め、その他の艦船にも損傷を与えました。日本側は一隻も沈没することはありませんでした。陸軍も同じです。近代的な訓練を受けた日本の兵隊と寄せ集めのような清国の軍隊では勝負になりませんでした。

日清戦争で日本が勝ち、朝鮮半島は大韓帝国という独立国になりました。朝鮮民族が帝国という言葉を使い、国王が皇帝と称したのは歴史上これが初めてのことでした。国王が皇帝となったというのは、シナの王朝から朝鮮が独立したことを象徴的に表しています。

日本の脅威となったロシアの朝鮮半島への進出

戦後の講和交渉で下関条約が結ばれ、日本は清国から賠償金と台湾、澎湖《ほうこ》島および遼《りょう》東《とう》半島の割譲《かつじょう》を受けました。遼東半島は満洲の奥のほうまで広範な範囲が割譲されましたから、そのまま収まっていれば日本にとっては非常に好条件と言えるものでした。その後、日本の懸案《けんあん》となる移民問題も解決できて、アメリカとの戦争も回避できていたかもしれません。

ところが、清国の全権大使の李鴻章《りこうしょう》は狡猾《こうかつ》でした。ロシア、ドイツ、フランスを焚きつけて日本にクレームをつけさせたのです。李鴻章の提案に乗った三か国は明治二十八(一八九五)年四月二十三日、共同で日本に対して次のような勧告をしてきました。

「日本による遼東半島の所有は清国の首都である北京を脅かすだけでなく、朝鮮の独立を有名無実のものにし、極東の平和の妨げとなるものだ。したがって、日本に対して半島の領有の放棄を勧告し、誠実な友好の意を表する」

これが三国干渉と呼ばれるものです。この勧告は日本にとって憤慨に堪《た》えないことでした。日本はイギリスとアメリカに仲裁を求めますが、両国は中立の立場をとりました。しかたなく日本は五月四日に勧告を受け入れることになりました。ロシア・ドイツ・フランスの三か国を相手に戦っても勝ち目がないとわかっていたからです。

世論《よろん》はこの決定に憤慨し、猛反発しました。あまりにも国民の怒りが激しかったため、それをなだめるために明治天皇がわざわざ「遼東半島還付《かんぷ》の詔勅」を出したほどでした。

三国干渉の最大の問題は、日本に遼東半島の領有権を放棄させたロシアがその三年後の明治三十一（一八九八）年に清国から遼東半島南端にある大連《だいれん》・旅順《りょじゅん》を租借《そしゃく》したことです。またドイツは明治三十（一八九七）年に膠州《こうしゅう》湾を占領して翌年、山東《さんとう》半島の青島《チンタオ》を租借し、フランスも明治三十二（一八九九）年に広州湾一帯を租借地にしました。

これは日本にとって納得のいく話ではありません。ドイツとフランスが入った地域は海を隔てて日本から相当距離があるため大きな問題ではなかったのですが、遼東半島は朝鮮のすぐ隣ですからその脅威は比べ物になりません。そこにロシアが入ってきて突端《とったん》にある旅順を軍港とし、さらに朝鮮半島北部や満洲まで勢力圏を広げてきたのです。

日本はロシアに朝鮮半島に出てきてもらっては困ると交渉を始めますが、ロシアは聞く耳を持ちません。それどころか、ついには日本の目と鼻の先にある鎮海《ちんかい》湾に軍港を借りたいと朝鮮政府に要求したのです。朝鮮は一応これを断っていますが、いつなんどき承諾するかわかりません。ロシアの膨張に対して日本政府は外交交渉の続行をあきらめ、ロシアとの戦争を決断しました。日露戦争の始まりです。

【日露戦争】

五百年に一度の大事件だった日露戦争での日本の勝利

日本が日露戦争開戦に踏み切ったのはシベリア鉄道が完成する直前というギリギリのタイミングでした。もしもシベリア鉄道が開通して複線にでもなったら、ロシアは極東にどんどん兵士や武器を送ることができます。そうなっては勝ち目がないということで、日本は開戦を決断したのです。

日露戦争の話は司馬遼太郎の『坂の上の雲』を読めば十分ですが、本の中で司馬さんが触れていない重要な人物を紹介したいと思います。それは第一軍を率いた黒木為楨《ためもと》陸軍大将です。黒木大将は日露戦争が始まると、鴨緑江《おうりょくこう》会戦でロシア軍を破ったのを皮切りに、陸上での最大の決戦となった奉天《ほうてん》会戦まで連戦連勝のすごい勝ちっぷりでした。あまりの強さにロシア軍から「クロキンスキー」と呼ばれて怖れられたほどでした。

当時は観戦《かんせん》武官という戦争を見物に行く将校がいました。日露戦争を見に来ていたドイツの観戦武官が第一次世界大戦のタンネンベルクの戦いでロシア軍を全滅させる大手柄を立てましたが、彼は黒木大将の戦い方を参考にしたと明言しています。戦場における指揮官としての手腕が群を抜いて優れていたのです。

この黒木大将の活躍などもあり、日露戦争は日本の勝利に終わります。世界のどこの国も日本がロシアと戦って勝てるとは思わなかったでしょう。ロシアにはナポレオン戦争でナポレオンを追い返した陸軍があり、イギリスに次ぐ大艦隊を持つ海軍がありました。

ロシア海軍はバルチック艦隊、黒海艦隊、太平洋艦隊と三つの艦隊を持ち、アジアでは旅順とウラジオストックに港を構えていました。ところが、日本は陸上戦で百戦百勝、海上でも黄海の海戦、蔚山《うるさん》沖の海戦、そして日本海海戦でロシア艦隊を撃滅しました。

日本がロシアに勝ったというのは世界史上の大事件でした。これは単に日本が大国ロシアに勝ったというだけの戦争ではありません。それ以上の重大な影響を世界中に及ぼしたのです。一四九二年にコロンブスが新大陸を発見して以来、白人が有色人種と戦って負けたことは一度もありませんでした。白人は有色人種の国を次々に侵略して植民地にしていったのです。

それに歯止めをかけたのが日露戦争での日本の勝利でした。これは世界史の中で五百年に一度起こるかどうかという大事件だったと言っていいと思います。

【日英同盟】

「栄光ある孤立」を貫いていたイギリスが日本と同盟を結んだ理由

日露戦争が勃発する二年前の明治三十五（一九〇二）年、日本にとっては幸いな出来事がありました。日英同盟の締結です。日英同盟はロシアの南下に伴ってシナに保有していた莫大な権益を失うことを嫌ったイギリスから日本に持ちかけてきたものです。イギリスは南アフリカで戦争をしていました。その軍隊をシナ大陸まで送り込むのは簡単ではありません。そこで同じくロシアの南下に脅威を感じている日本と手を組もうと考えたのです。

イギリスは当時、「栄光ある孤立」を標榜し、普通の国とは軍事同盟を結ばない超一流国でした。そのイギリスが東洋の外れの、ようやく国際社会に出てきた日本と同盟を結ぶことは常識では考えられませんでした。きっかけとなったのは日清戦争前の明治三十三（一九〇〇）年に北京で起こった北清事変《ほくしん》です。北清事変とは北京にいた列強八か国の公使館が集まる区域が「扶清滅洋《ふしんめつよう》」（清を助け、西洋を滅ぼす）をスローガンに掲げる義和団《ぎわだん》という宗教団体に包囲され、それを後押しする清国が列強に対して宣戦布告をした事件です。

このとき欧米列強は日本が救援軍を派遣することを望みました。しかし日本政府は三国干渉の苦い経験から動こうとしませんでした。日本が動けば、またロシアあたりが「日本は義和団の乱を口実に清を侵略した」と言い出すに違いないと考えたのです。だから他国からの正式な要請がない限り、動かないことに決めたのです。結局、イギリスが欧州各国の意見を代表して日本に正式に出兵要請をし、それを受けて日本は出兵を承諾しました。

救援軍が到着するまでの間、北京の公使館員を中心に防衛軍が組織されました。その中で最もよく働き功績があったのが柴五郎中佐という公使館付き武官と、その指揮下で戦った少人数の日本兵でした。北京防衛軍の司令官は軍人でもあったマクドナルドというイギリス公使でした。彼は日本軍の優秀さにすぐに気づきました。指揮官が優秀で、兵隊も統制の取れた動きをし、いつもにこやかであると言って感動するのです。

また、本国から派遣されてきた日本の第五師団も規律正しく動きました。北京占領後は各国の軍隊が占領地域を分割して治安維持に当たりましたが、日本軍は唯一、占領地域での略奪を行いませんでした。これを見た北京市民は日本の旗を立てたといわれています。

その様子を見ていたマクドナルドは、「日本人は信用できる」と本国に伝えたようです。このマクドナルドがロンドンで日本の林董《ただす》公使に日英同盟の提案をし、同盟が成立する運びになったのです。日英同盟は伊藤博文ですら信じなかったというほどの驚きの出来事でした。これは日本にとって名誉な出来事であっただけでなく、実質的にも役に立つ同盟になりました。

【韓国併合】

反対論の強かった韓国併合が実行されたのはなぜか

日露戦争から五年たった明治四十三（一九一〇）年八月十二日、日本は「日韓併合ニ関スル条約」を取り交わした後、大韓帝国を併合しました。これにより韓国皇帝は大韓帝国の統治権を日本の天皇に譲与することになりました。

この日韓併合を日本が韓国を植民地化したとする意見がありますが、それは間違っています。日本は韓国併合を積極的に進めたわけではありません。むしろ伊藤博文などは「やめたほうがいい」と言っているほどです。

ではなぜ日本は韓国を併合したのでしょうか。これには前段階があります。日露戦争直後の明治三十八（一九〇五）年十一月、日本は大韓帝国と第二次日韓協約を締結しました。これによって韓国は日本の保護国になることが決まり、伊藤博文が韓国統監府の初代統監《とうかん》に就任しました。

韓国は日本が日清戦争に勝った後で独立しましたが、当時は産業らしい産業もありませんでした。そのために国は貧しく、まともな政治もできないし、外交のやり方も知りませんでした。そういう国ですからもとより植民地にする気持ちはさらさらなく、政府としての形が整ったら引き揚げたほうがいいと伊藤博文は主張していました。

というのも、韓国を併合して日本が朝鮮半島を防備するとなれば、その負担は大変なものになります。また朝鮮半島に工業を興し、インフラを整備するとなれば、その資金はすべて持ち出しになります。日露戦争に勝ったとはいえ、当時の日本には欧米列強のように植民地経営をするほどの体力はありませんでした。伊藤博文にはそれがよくわかっていたのです。その一方で、いつまでも韓国の外交がふらふらしたままでは日本の国益が損なわれかねません。そこで韓国が近代化するまでの間、外交権を預かろうということになり、韓国政府の承諾を受けて、日本の保護国にすることが決まったのです。

それにもかかわらず、韓国は一九〇七（明治四十）年にオランダのハーグで開かれていた平和国際会議に密使を送り、外交権の回復を訴えているのです。しかし、これは全くおかしな話で、出席していた各国にも相手にされず、会議への参加も拒絶されています。

こうした中、明治四十二（一九〇九）年十月二十六日に伊藤博文がハルビン駅で韓国人テロリスト安重根《あんじゅうこん》によって暗殺されるという事件が起こりました。これで日本の国内世論は韓国併合へと傾き、翌年、正式に併合することになったのです。

併合というのは国の合併です。これはドイツをはじめヨーロッパでは時々行われていました。たとえばドイツには三十幾つかの国がありました。その中の一つの国であるプロイセンが普仏戦争でフランスに勝つと、他の国が推してプロイセン王がドイツ皇帝になるのです。

日本はこれに倣いました。日本には皇室があり天皇がいますが、韓国の王家はそのまま存続させましたし、太子は太子のままで変わりませんでした。また韓国の両班という公族（貴族）はそのまま日本の華族となりました。そして韓国の李王に対しては殿下と呼び、李王が亡くなったときは国葬にしました。

もっとわかりやすいのは、李王の息子に日本の非常に高い地位にある皇族の娘を嫁がせていることです。韓国の公族に出したお金が日本の皇族に出したお金よりも多い年もありました。植民地であれば、このような待遇は考えられません。

それだけでなく、日本は大変な額のお金を持ち出して、韓国を日本と同じレベルまで引き上げようと努力しています。すべての鉄道、すべての立派な橋、すべて近代的な建物は日本のお金で作っています。小中学校を作って義務教育を施し、大学を作り、専門学校を作り、それまで使う人のいなかったハングルまで教えています。

今、韓国には反日を叫ぶ人が多いようです。しかし、日本の統治時代を知っている韓国・朝鮮人は決して反日ではありませんでした。反日運動というのは、そういう日韓の歴史を知らない人たち、あるいは直視したくない人たちが起こしたものです。それに韓国の国民が同調しているのは非常に残念なことです。

韓国は日本からではなくアメリカから独立した

もう一つ付け加えておきますが、第二次世界大戦後、朝鮮半島は日本から独立したと思っている人がいるかもしれません。しかし、これは誤りです。敗戦の後、日本は朝鮮人に朝鮮半島を引き渡そうとしました。しかし、受け取る主体となる人がいなかったので、日本軍はそのまま引き揚げました。

韓国では八月十五日を日本から独立した光復節と呼んで祝っていますが、実際は日本軍が引き揚げた後に韓国はアメリカによって、北朝鮮はソ連によって占領されています。アメリカとソ連が三十八度線を境に朝鮮半島を分割占領したのです。

この占領は大韓民国と朝鮮民主主義人民共和国の建国が宣言される一九四八年まで続きました。つまり韓国はアメリカから、北朝鮮はソ連から独立したというのが正しい歴史の理解です。

【大正デモクラシー】

自由な時代の空気を一変させた関東大震災と社会主義

日清・日露戦争に勝利した日本は近代国家として着実に歩み、大正時代に入ります。大正時代は大正デモクラシーと言われた非常にいい時代でした。それはその頃に歌われた唱歌や童謡によく表れています。『十五夜お月さん』（大正九年）『どんぐりころころ』（大正十年）『おもちゃのマーチ』『月の砂漠』（以上、大正十二年）『からたちの花』（大正十四年）など今でも耳にする童謡が大正時代に作られています。

この時期に注目された人で『近代文学十講』『近代の恋愛観』『象牙の塔を出でて』などを書いた京都大学の厨川白村《くりやがわはくそん》という学者がいます。特に恋愛至上主義を高らかに唱えた『近代の恋愛観』はベストセラーになって、毎日のように増刷したと言われています。この人は東大で学び、ラフカディオ・ハーンの講義を聴き、ハーンの芸術性を引き受けた方でもありました。

厨川白村の本はシナからの留学生の間でも最も人気がありました。彼は大正十二（一九二三）年に起こった関東大震災で亡くなっていますが、今でも中国ではヨーロッパの偉大な学者たちと同列に並べられていて、日本の作家の中では最も翻訳された本が多いという話です。

　ところが、日本においては関東大震災を境に風向きが変わりました。昔のことを知っている人に聞くと、「大震災で江戸から続いている東京はなくなった」とよく言われていま す。それと同時に、この厨川白村の人気も下がってしまうのです。

　厨川白村は大正デモクラシーから明るい近代化に向かうということを本に書いていたのですが、実際は社会主義がどんどん入ってきたのです。社会主義の立場から見れば、厨川白村の意見は甘いというわけです。確かに現実を見れば、社会主義や共産主義が蔓延し始めた大正の終わり頃から日本の前途に暗雲が漂うようになりました。

　それで人気がたちまちなくなって、今では忘れられたような存在になっています。しかし、二種類の全集も出ているぐらい当時としては売れっ子であったのです。その意味で、厨川白村は大正デモクラシーの自由で明るい時代の雰囲気を象徴するような作家であったと言っていいでしょう。

厨川白村

【第一次世界大戦】

世界五大国にのし上がった日本に対するアメリカの警戒心

大正時代には一九一四（大正三）年から一九一八（大正七）年にかけて第一次世界大戦が起こりました。主戦場はヨーロッパでしたし、日本は当初参戦する予定はありませんでした。同盟国のイギリスも、なまじっか日本を誘うと後で厄介だからと誘わなかったのです。しかし、予想以上にドイツが強かったため、イギリスに頼まれて参戦することになりました。

といってもヨーロッパに出かけていって戦ったわけではありません。地中海まで護衛船を出したぐらいです。日本はシナにおけるドイツの拠点であった青島とドイツが領有していた南洋諸島を攻撃しました。そしてそれらをドイツから奪い取りました。日本の勝利によってアジアにドイツが持っていた権益はすべて消失しました。

ドイツ人はそれを恨みに思ったようです。後に日本が中国国民党の蔣介石《しょうかいせき》政権と戦うとき、ドイツから参謀総長をはじめとする参謀本部の人たちが上海あたりにやって来てトーチカという防衛陣地を造ったり武器を提供したりという軍事援助を行いました。これを偶然と考えてはいけないと思います。

また、第一次世界大戦中の一九一七（大正六）年にロシア革命が起こります。翌年にはドイツで十一月革命が起こり、皇帝ヴィルヘルム二世が廃位となり、フリードリヒ・エーベルトが共和国制となったドイツ（ワイマール共和国）の臨時政府の首相となりました。

これで戦争は終結し、一九一九（大正八）年に連合国とドイツの間でベルサイユ条約が締結されました。同時にアメリカ大統領ウッドロウ・ウィルソンの発議によって国際連盟が発足することになりました。

第一次世界大戦によってオーストリア＝ハンガリー帝国がなくなり、ロシア帝国とドイツ帝国が革命によって潰れました。そのため日本は突如として世界の五大国の仲間入りをすることになりました。五大国とはイギリス、アメリカ、フランス、イタリア、日本です。これによって日本は世界の一等国の地位を占めることになったのです。

しかしこれが西洋の各国、特にアメリカの日本への警戒心を強める結果となりました。アメリカは日露戦争で日本海軍がロシア艦隊を破ったときから日本を警戒し始めました。陸上の戦いでは小さな軍隊が奇襲戦によって大きな軍隊に勝つことは歴史上しばしばありましたが、海上の戦いは文明の戦いであり、その勝敗が後の文明のあり方を決するとわかっていたからです。同時に有色人種が白色人種を破ったということも衝撃的で、次第にアメリカは日本を敵視するようになっていくのです。

【ベルサイユ条約】

日本の人種差別撤廃の提案を一蹴したアメリカの本心

第一次世界大戦はヨーロッパの戦いだったため、日本はドイツのアジア権益を奪った以外は補助的な役目しか果たしませんでした。しかしベルサイユ条約の内容が話し合われる席で、日本の代表は非常に重要な発言をしています。それは人種の平等ということです。当時、アメリカで日本人移民排斥運動が起こっていました。明らかな人種差別です。すべての国の移民をアメリカに入れないというのならわからないでもありません。ところがアメリカは、イタリアやポーランドやアイルランドからは移民を受け入れるけれど、日本の移民は受け入れないというのです。人種も宗教も生活習慣も違う日本人は、アメリカで差別の対象になっていたのです。

これは日本人のプライドにかかわる問題でした。何しろ当時の日本人には大国ロシアに勝ったという誇りがありました。それなのにアメリカで差別を受けるというのは日本人移民には我慢できなかったのです。

その頃、アメリカの西海岸に来る移民はアイルランドあたりの人が多かったでしょう。日本人移民から見れば、アイルランドは日本が同盟を結んでいるイギリスの植民地みたいなものじゃないかという思いがあったのです。ポーランドにしても日本が勝ったロシアの属国みたいなものじゃないかという思いがあったはずです。日本の移民は昂然《こうぜん》としていたと思います。それがアメリカの癇《かん》に障《さわ》ったということは日本人移民排斥の一つの原因としてあげられます。

もう一つの理由としては、日本の移民が勤勉で、なんでもよく学習してすぐに自分たちのものにしてしまうということにアメリカが警戒心を抱いた可能性があります。

私にはこんな思い出があります。一九六〇年代の末に客員《きゃくいん》教授としてアメリカに行ったときの話です。客員教授たちが集まる教員室のようなサロンで、金髪碧眼《へきがん》の美人の先生と談話をしていて、私はこんな話を聞きました。

アメリカにはいろいろな国から移民団がやって来るけれど、その中にＦＢＩの捜査官を極秘で入れて、アメリカで悪事を働く人間がいないかどうか調査しているというのです。ところが、日本の移民は昔から悪いことをしないのでＦＢＩの捜査官が入っていない、というわけです。これは日本の人にも世界の人にも知らせたいことです。

当時の日本人移民は外国で自分たちが悪事を働くと日本の恥になるという意識が非常に強かったのです。だから絶対に犯罪行為をしてはいけないと日本人同士で戒め合っていたわけです。ただ、それがかえって煙たがられて、嫌われる原因になっていたのではないかとも感じます。

人種平等に反対する一方で民族自決を唱えたアメリカの本音

このように日本人移民がアメリカで差別的に扱われていたため、日本の全権大使は人種の平等を唱えたわけです。それも「いろんな国の事情もあるので今すぐやってくれというわけではなくて、理念として掲げてほしい」という趣旨でした。この提案は多数の賛同を得ました。ところがアメリカのウィルソン大統領は「こんな重要なことは満場《まんじょう》一致でなければいけない。我々は反対だ」と言って日本の提案を潰してしまうのです。人種平等にアメリカは反対したのです。これは日本人が決して忘れてはいけないことです。

そのウィルソンは国際連盟をつくろうという提案をするのですが、結局のところアメリカは国際連盟に入りませんでした。入らないのに口だけ出していたのです。また、ウィルソンは民族自決（各民族は政治組織や帰属等を自ら決定し、他国家の干渉を認めないとする集団的権利）ということも言いました。民族自決というのはなかなかいい言葉です。

ところがウィルソンの言う民族自決とは、主としてオーストリア＝ハンガリー帝国の中にいたセルビア人をはじめとする民族の独立を指していました。アジアの植民地はその中に含まれていなかったのです。

この民族自決という言葉をアメリカからシナに派遣されていたプロテスタントの牧師が使いました。彼らは本国の日本敵視政策に従って反日的で、シナの独立問題に火をつけるために、シナ人に対して民族自決を焚《た》きつけました。その結果、シナの学生たちが口々に民族自立を叫び始めたのです。それが日本とシナとの戦いの始まりとなった支那事変の遠《えん》因《いん》にもなるわけです。

アメリカはシナの反日運動をさまざまな形で支援しました。また、アメリカの大衆新聞は日本がシナでとんでもない悪事を働いているかのように読者に思わせるため、ささいな出来事を大事件として膨らませ、センセーショナルに報道しました。

その結果、シナの反日運動はアメリカの反日運動と連動するようになっていきました。日本から見れば、本来はシナに対する問題なのに、それがアメリカに対する問題となり、逆に、本来はアメリカに対する問題なのに、それがシナに対する問題となっていったのです。これは非常に厄介で、同時に複雑な状況でした。

それでも日本のほうは、当時の記録を見ると呆れるぐらいの平和主義になっていました。哲学者の三宅雪嶺《みやけせつれい》が『同時代史』という回想録を書いていますが、それを読むと当時の日本人がいかに平和論に酔いしれて昭和に至ったのかが詳しく書いてあります。その隙にアメリカは着々と日本潰しを計画していたわけです。

【軍縮の時代】

日本潰しの舞台となった軍縮会議とパリ不戦条約

日本の平和主義を明快に表しているのが軍縮会議です。第一次世界大戦後に、ワシントン会議(一九二二)、ジュネーブ海軍軍縮会議(一九二七)、ロンドン海軍軍縮会議(一九三〇)、第二次ロンドン海軍軍縮会議(一九三五)といった軍縮会議が開かれました。これを日本の国民は非常に歓迎しています。

海軍も加藤友三郎のようなもののわかった人が海軍大臣になって状況を掌握《しょうあく》していましたから、欧米と建艦《けんかん》競争をやってもしようがないということで妥協的でした。しかし、今から見ますと、軍縮会議ではとくにアメリカが中心になって日本を抑えることに懸命になっていたことがよくわかります。

ただ、そのときの日本人はそんなアメリカの意図に気づかず、軍縮万歳、平和万歳で、会議の決定に基づいて造りかけの軍艦を沈めているのです。

それに加えて、ワシントン会議のときに日本は取り返しのつかない失策を犯しました。日英同盟の破棄です。ワシントン条約ではアメリカ・イギリス・フランス・日本の四か国が太平洋地域の各国領土の権益を保障するために四か国条約を結びました。それに伴って日英同盟を破棄することになったのです。

しかし四か国条約の実効性は薄く、結局日本は日英同盟という強力な二国間条約を失うだけという結果になりました。さらに言えば、四か国条約の目的は日英同盟を破棄させることにあったという見方もあります。

このときは同時に中国の領土保全・門戸開放を求める九か国条約も結ばれました。これには米英仏日の四か国に、イタリア、オランダ、ポルトガル、ベルギー、中華民国が加わりました。

この九か国条約は期限が決められていません。しかも条約を結んでから事情が大きく変わっています。

その一つはロシア革命で誕生したソ連が批准《ひじゅん》国の中に入っていなかったことです。また、条約の中に中華民国が日本に対してボイコットなどはしないという一項がありましたが、実際にはボイコット運動が始まりました。

このように状況が変わったため、日本は九か国条約から離脱しました。これを第二次世界大戦後に行われた東京裁判（極東国際軍事裁判）で指摘され、告発されましたが、状況を考えれば必ずしも日本だけが悪かったとは言えないということです。

侵略戦争とは何かを定義したアメリカのケロッグ国務長官

軍縮の流れの究極にあったのが、一九二八（昭和三）年のパリ不戦条約です。戦争で紛争を解決するのはもうやめようということを多国間条約として締結しようとしたのです。当時の日本人はこれにも大喜びで参加しました。

このパリ不戦条約はアメリカのケロッグ国務長官とフランスのブリアン外務大臣が主唱したもので、日本もこれを認めました。ところが、アメリカ人のケロッグが提唱者であるにもかかわらず、アメリカ議会は簡単に批准をしませんでした。なぜ戦争が悪いのかというわけです。アメリカは戦争を悪だとは思っていないのです。

これに対してケロッグ長官は、戦争のすべてが悪いわけではない、侵略戦争がよくないからこれをやめようということだ、と説明しています。では侵略戦争とはどういうことかというと、国境を越えて他国に攻めていくということだけではなく、一つの国、たとえばアメリカに重大なる経済的影響を及ぼすようなことをすれば、それはアメリカに対する侵略と認める、という主旨の発言をしています。

これは非常に重要な発言です。なぜならば、大東亜戦争（支那事変以後の日本と連合国との戦いを総称してこう呼ぶ）が始まる前にアメリカは日本に対して、ＡＢＣＤ包囲網（アメリカ、イギリス、中華民国、オランダの四か国が日本に対して行った貿易制限政策の呼び名）という形で日本への物資の供給をストップさせて重大なる経済的影響を及ぼしているのです。ケロッグの説明に従えば、これは紛れもなく侵略行為です。

パリ不戦条約は、東京裁判で連合国が日本を裁く根拠とされました。当初、連合軍はナチス・ドイツの犯罪を裁いたニュルンベルク裁判に従って裁こうとしたのですが、日本にはナチスのような組織はないので裁けないことがわかりました。そこで不戦条約を日本が破ったというところから日本の責任を追及したのです。

しかし、前記のごとく、不戦条約を最初に破ったのはアメリカで、日本は自国を守るために対抗したにすぎません。アメリカは不戦条約の解釈として自衛戦争は禁止されていないとしていますが、日本が行ったのはまさにこの自衛戦争でした。

アメリカは日本が平和を歓迎して軍艦を沈めている間にも、将来の日本との開戦を想定して軍艦を造る準備をしていました。軍縮条約にしても不戦条約にしても、アメリカにしてみれば東洋で急速に力をつけてきた日本を潰すための方便《ほうべん》に過ぎなかったのです。平和を愛する日本人はそれに気づかず、アメリカの仕掛けにまんまと乗ってしまったというわけです。

【世界大恐慌】

アメリカの保護主義政策が引き金となった大恐慌

一九二九（昭和四）年十月二十四日、ニューヨークのウォール街で株式が大暴落しました。これが世界大恐慌の始まりとなりました。そのきっかけをつくったのは、アメリカ議会に提出されたホーリー・スムート法でした。

アメリカは第一次世界大戦中と戦後のしばらくの間、空前の好景気を謳歌していました。しかし、戦場となったヨーロッパの産業が回復してくると、だんだんものが売れなくなりました。そこで、自由貿易をやめ、輸入制限をして国内産業を保護しようとするブロック経済論が台頭してきました。

その流れを受けて、一九二九（昭和四）年にホーリーとスムートという実業家であり、それぞれ上院議員と下院議員でもあった二人が二万品目以上の輸入品に非常に高い関税をかけるホーリー・スムート法を上程したのです（成立したのは翌年六月十七日）。

しかしアメリカが高い関税をかければ他国も当然それに対抗してアメリカからの輸入品に高い関税をかけます。それによってアメリカの貿易額は半分以下まで落ち込むことになりました。その結果、アメリカの株式市場は大暴落し、空前の不況となり、それが世界へと広がっていくことになったのです。

株が暴落したというのは、おそらくこういうことです。アメリカでは戦争で儲けた惰性《だせい》が続いていて、株で儲けた人がたくさんいました。しかし、関税を上げれば景気が悪くなるのは明らかですから、利益を確保しようとみんな一斉に株を売ったのでしょう。それで最初の暴落が起こり、それに慌てた人がさらに株を売って断続的に暴落が続き、それが世界へと広がって世界大恐慌へと繋がっていったわけです。

このホーリー・スムート法は日本にも大変な打撃を与えました。アメリカは日本からの輸出品一千品目に対して二〇パーセントとか三〇パーセントといった高い関税をかけました。その結果、日本の対米貿易高は一年以内で半分になりました。ヨーロッパもそれは同じで、結果として世界中が深刻な不況に見舞われることになったのです。

この大恐慌が起こったのは昭和四年から五年にかけてです。私はちょうど昭和五年の生まれですが、母はいつも私が生まれた頃のことを思い出すと「夜中に目が覚めて冷や汗が出る」と話していました。一般庶民でもそう感じるほど、深刻な不景気だったということでしょう。

【社会主義】

共産主義運動の激化を見越して制定された治安維持法

大正末期から昭和初期の時代で忘れてはいけないのは、一九二二（大正十一）年にソ連（ソビエト社会主義共和国連邦）が誕生したことです。第一次世界大戦後の好景気が終息した要因の一つに、このソ連の存在があります。ロシアがソ連になり、世界市場からものを買わなくなったのです。

そして不況がやってくると、急速に社会主義が広がるようになりました。どうして不況と社会主義が結びついたのでしょうか？　世界的な不景気がホーリー・スムート法の影響だということは経済人にはわかっていました。しかし、外国の株の暴落が自分の国の経済に影響するということは普通の人には理解できません。そのときに「どうして不景気になったのか？　それは資本家が悪いからだ」と社会主義者は宣伝しました。この宣伝が非常に効いて、急速に社会主義が蔓延《まんえん》したのです。

さらに社会主義が蔓延したのみならず、共産党が力を得てきました。しかし日本ではソ連ができた三年後の大正十四（一九二五）年に共産主義運動の激化を懸念して治安維持法が制定されていました。治安維持法を作ったのは加藤高明内閣です。この内閣は反動的な内閣ではありません。治安維持法を制定したのと同じ年に、納税額によって選挙権に制限を加えるとしていた法律を改正して、日本国籍を持ち国内に居住する二十五歳以上のすべての成年男子に選挙権を与えるという非常に民主的な普通選挙法を制定しています。

治安維持法というと悪法ととらえられがちですが、革命を志向する団体は危険だから抑えなければならないというだけのことです。左翼が強くなれば対抗して右翼も強くなります。そこから国内が混乱する恐れもあります。これを抑えるというのが本来の目的です。

しばしば忘れがちになるのですが、右翼と左翼は仲が悪いけれども、もとをたどれば同じなのです。戦前の右翼の革命プロパガンダは「貧しい人を救え」ということでした。これは左翼も同じです。ただ、右翼はそれを皇室中心として行おうとしたのに対し、左翼は皇室はいらないと言っているだけの違いです。

日本の戦前の警察は非常に有能で、共産党ができても実害を及ぼさない程度に抑え込みました。共産党員の数も少なかったので、どこに誰がいるかまで把握していました。マルクスの本などが翻訳で出ていますから思想的には広がりましたが、それ自体は心配することはありませんでした。その当時、問題になったのは左翼ではなくて、むしろ右翼のほうだったのです。昭和の初め、血盟団《けつめいだん》事件、五・一五事件、二・二六事件と社会主義思想に染まった右翼は連続的に大事件を引き起こしていきます。

【五・一五事件】
軍隊に入り込んだ社会主義思想と政党政治の堕落

昭和初期に蔓延した社会主義思想は軍隊にも入っていきました。上官となる二十代の将校たちは、みんな旧制中学校出身の秀才でした。一方、彼らが預かる兵隊たちは大部分が農村出身の青年でした。当時、東北の農村では不況による貧困が極限に達し、一家を救う目的で娘たちが身売りをするということがしばしば行われていました。そういう話を部下である兵隊たちから聞いて、社会を正さなくてはいけないと正義感に燃える青年将校たちが現れました。こうした青年将校が社会主義思想に影響されていくのです。

昭和七（一九三二）年の二月から三月にかけて、井上日召《にっしょう》に率いられた血盟団という極右団体が「一人一殺」を掲げて政治家や財界人を暗殺するテロを引き起こしました。血盟団事件です。このときに三井財閥の総帥《そうすい》であった團琢磨や大蔵大臣を務めた井上準之助が殺されました。井上日召は社会主義者ではありませんが、目指すところは同じでした。要するに日本の不景気は政治家や財界人が悪いから起こったものだという論理なのです。

さらに同じ年に五・一五事件が起こります。五・一五事件は海軍の青年将校が中心になって引き起こした事件です。彼らは真っ昼間に総理大臣官邸に乱入して、なんと犬養《いぬかい》毅《つよし》首相を殺害してしまいました。首相を殺すというのはとんでもない大事件であり、大犯罪であると皆さんも思うに違いありません。

ところが、裁判になると事件を引き起こした青年将校たちに対して国民の同情が集まって、裁判所には延命の手紙や電報がたくさん届いたというのです。それが判決に影響したわけではないでしょうが、結局、誰一人として死刑にはなりませんでした。襲撃を担当した将校たちには最長で禁固十五年の有罪判決が下りましたが、この者たちも六年ぐらいすると出所しているのです。一国の首相を殺して死刑にもならないという、普通の感覚では理解し難い結末になったのです。

これは当時の人がいかに金持ちや政治家など社会の上層にいる人たちを妬《ねた》み、羨《うらや》んでいたかという証と言えるでしょう。第一次世界大戦で儲けた成金《なりきん》などの中には、玄関が暗かったから百円札を出して火をつけたという馬鹿げたことをする者もいたようです。そういう金持ちに対する怨みや嫉妬が庶民にはあって、権力者が殺されるのはいい気味だという風潮が強かったのです。

五・一五事件の首謀者の一人で懲役十五年の禁固刑を受けた三上卓が作った「青年日本の歌」という歌があります。その歌詞の二番に「権門上に傲《おご》れども国を憂うる誠なし　財閥富を誇れども社稷《しゃしょく》を思う心なし」という一節があります。政界の権力者たちは目先の利益だけを追い求めて国民のことを考えようとしない、一部の財閥は農民が飢えに苦しんでいるのに知らん顔で巨利《きょり》をむさぼっている――そういう民衆の不満がこの歌詞には明快に描かれています。

テロ行為は決して肯定できることではありません。しかし、当時の日本の政治は政党政治で足の引っ張り合いが多く、自分たちの足元ばかり気にしていたのは事実です。

軍部と野党のこじつけから火がついた統帥権干犯問題

目を国外に転じると、日本の締め付けが始まっていました。最初の軍縮条約である大正十一（一九二二）年のワシントン海軍軍縮条約では、主力艦の保有量を日本は英米の六割とすることが決められました。これには日本も納得しました。昭和五（一九三〇）年のロンドン海軍軍縮条約になると、巡洋艦以下の補助艦の保有量を減らすことになりました。これは日本にとって納得できる話ではありませんでしたが、しかたなく受け入れています。

というのは、仮に日本がアメリカと戦う場合、潜水艦とか駆逐艦によってアメリカの戦力を少しずつ削いでいって小笠原沖あたりで決戦することを考えていたのです。そのためには補助艦隊はどうしても残しておく必要がありました。そこに枠をかけるというのですから、これではアメリカとは戦争ができないという雰囲気が出てきたのです。それで結局、当時の浜口雄幸《おさち》内閣は良識に立ってロンドン条約を呑むことにしたのです。

しかし、軍部や野党の政治家から日本を戦争に走らせる元凶となった非常に悪い主張が出てきました。大日本帝国憲法第十一条には「天皇ハ陸海軍ヲ統帥ス」と書いてあります。そして第十二条には「天皇ハ陸海軍ノ編制及常備兵額ヲ定ム」と書いてあります。それなのに内閣が勝手に軍縮条約で軍備の削減を決めるというのは天皇の大権を侵すものである、と軍部や野党が主張したのです。これは屁理屈《へりくつ》としか言いようがないのですが、マスコミも同調して「統帥権干犯《とうすいけんかんぱん》問題」として内閣を非難しました。

このときの浜口総理大臣は立派でした。「理屈はわかる。それなら第十三条に『天皇ハ戦ヲ宣シ和ヲ講シ及諸般ノ条約ヲ締結ス』とあるが、外交条約にいちいち天皇陛下がお出かけになるのか。そんなことはできないだろう。だから代わりに内閣が責任を持ってやっているのだ」と言って説得するのです。これは筋の通った弁明だと思います。

これで説得される人もいましたが、納得しない者もいました。昭和五（一九三〇）年十一月、浜口総理は東京駅で暴漢によって至近距離から銃撃されました。なんとか一命はとりとめて、翌年一月に退院して療養していましたが、野党が病床で休んでいる浜口首相を無理やり国会に引きずり出すのです。浜口首相は無理がたたって再入院して手術を受け、総理を辞職した後、亡くなられました。当時の政党政治の情けなさを象徴するような話です。

【二・二六事件】

青年将校たちの反乱を瞬時に終わらせた昭和天皇の一言

昭和七年の五・一五事件に続いて、昭和十一（一九三六）年になると再び青年将校たちによる大事件が起こりました。二・二六事件です。五・一五事件は海軍でしたが、今度は陸軍の青年将校たちが主役となりました。

彼らは明らかに左翼の思想に染まっていました。天皇の名のもとに議会を停止し、同時に私有財産を国有化して社会主義政策を実行することを目指しました。彼らの主張を簡単にまとめれば「必要なのは天皇だけで貴族も偉い大将もいらない、自分たちの言うことを聞く大将を総理大臣にしたい」というものでした。

二・二六事件のときに武装した兵隊を指揮していたのは陸軍内部の皇道派に属する二十歳代の若い将校たちでした。当時、陸軍には皇道派と統制派という二つのグループがあり、どちらが主導権を握るかで対立していたのです。皇道派は天皇親政のもとでの国家改造、すなわち昭和維新を掲げていました。これに対して統制派は、天皇親政であっても手順としては陸軍の代表である陸軍大臣を通じて合法的に要望の実現をはかるべきだと主張していました。皇道派は統制派に比べて急進的であったと言えるでしょう。

この皇道派の若い将校たちが決起して、岡田啓介首相、高橋是清《これきよ》大蔵大臣、鈴木貫太郎侍従長、渡辺錠太郎《じょうたろう》陸軍教育総監、牧野伸顕《のぶあき》元内大臣らを襲撃し、高橋蔵相、斎藤実《まこと》内大臣、渡辺教育総監を殺害しました。まさに下剋上の極みです。

こうした青年将校の反乱を抑える力が陸軍上層部にはありませんでした。東京に戒厳令《かいげんれい》が敷かれましたが、戒厳司令官に任命された東京警備司令官の香椎浩平《かしいこうへい》中将は反乱軍に同情的で、青年将校たちにゴマをするようなことを言って説得しようとしました。

一番正気だったのは昭和天皇です。本来、兵士が実弾を撃つときには天皇の許可が必要です。その許可なく、反乱軍は昭和天皇が自分の両手両足と頼むような人たちを殺害したため非常に怒っておられ、反乱を起こした青年将校たちを「賊軍」とさえ呼んでいたとも言われます。その怒りは陸軍の幹部にも向けられ、「陸軍が躊躇するなら、私自身が直接近衛師団を率いて反乱部隊の鎮圧に当たる」とはっきりおっしゃったのです。

天皇親政を目指した青年将校たちにとっては天皇から「反乱部隊」と名指しされたことは致命的でした。この昭和天皇のお言葉によって陸軍も彼らを反乱軍と認定し、鎮圧に向かいました。昭和天皇の一言で、青年将校たちの反乱は春先の淡雪《あわゆき》の如くあっけなく消滅することになったのです。

【軍部大臣現役武官制】

軍部の独走を許した軍部大臣現役武官制の復活

二・二六事件は非常に悪い影響を残しました。それは軍人が政治への関与を強めていったことです。二・二六事件の後、岡田内閣は総辞職し、次の総理大臣に広田弘毅《こうき》外務大臣が就任しますが、その組閣のときに陸軍がごねました。

陸軍は、陸海軍大臣は現役武官（大将・中将）にしてもらいたいというわけです。これを軍部大臣現役武官制と言いますが、これによって軍部の発言力が増すことになりました。

もともと軍部大臣現役武官制は明治三十三（一九〇〇）年の第二次山縣有朋《やまがたありとも》内閣のときに制定されました。その十二年後の明治四十五（一九一二）年、第二次西園寺公望《きんもち》内閣のときに重大な問題が起こりました。陸軍が要望した二個師団増設の要求を西園寺首相が財政的な理由から拒否すると、陸軍大臣が辞任し、軍部大臣現役武官制を盾にして後任大臣を出そうとしなかったのです。これによって西園寺内閣は総辞職を強いられました。

その後に陸軍出身の桂《かつら》太郎が総理大臣となって第三次桂内閣ができますが、立憲政友会の尾崎行雄や立憲国民党の犬養毅らによる憲政擁護運動に呼応《こおう》した大衆からの激しい批判を受け、わずか六十二日間で総辞職することになりました。

大正二（一九一三）年、陸軍の招いた混乱を収めるために、今度は海軍大将の山本権兵衛《ごんべえ》を首班《しゅはん》とする第一次山本内閣ができました。このとき、軍部大臣現役武官制の弊害を感じた木越安綱《きごしやすつな》陸軍大臣が山本首相と協議のうえ、軍部大臣を現役武官に限るという資格を削除しました。要するに退役軍人でも軍部大臣になることができるようにしたのです。こうすると有資格者の枠が広がりますから、首相の権限が強化されることになるわけです。

これが陸軍幹部の逆鱗《げきりん》に触れたようで、木越安綱は大将になるべき有資格者でありながら、中将のまま予備役に編入されてしまいました。

この木越の英断《えいだん》によって軍部大臣現役武官制はいったん廃止されたのですが、二・二六事件が起こると状況が変わりました。事件への関与が疑われ予備役に編入された皇道派の武官が軍部大臣に就任しては困るという理屈から陸軍が現役武官制の復活を要求し、そうしないとまた二・二六のような事件が起こるかもしれないと広田首相を脅しました。広田首相はこの要求に屈服し、軍部大臣現役武官制が復活することになったのです。

その後の日本政府は陸軍に占領されたと言ってもいいでしょう。いろいろな内閣ができましたが、誰も陸軍の意思に反することはできなくなってしまいました。「二・二六みたいな事件がまた起こるぞ」という脅しがすっかり効いてしまったのです。

【満洲事変】

「王道楽土」をスローガンにアジアで最も栄えた満洲国

五・一五事件の前年、日本にとって忘れられない事件が起こっています。満洲事変です。昭和六（一九三一）年九月十八日に起こった柳条湖《りゅうじょうこ》事件（南満洲鉄道の線路爆破事件）に端《たん》を発し、日本軍と中華民国軍が武力衝突したのです。一般に満洲事変というと「日本が中国を侵略した」という言葉がまかり通っていますが、これは明らかな間違いです。

最初に確認しておかなくてはならないのは、シナ大陸にいるからといって同じ民族というわけではないということです。当時の清朝は満洲族の王朝で、シナ人（漢人）は被征服民族という立場にありました。シナ人による中華民国政府は辛亥《しんがい》革命（一九一一〜一九一二）によって誕生することになるのですが、これは本来、辛亥独立運動と言うべきものです。

この辛亥革命によって退位を迫られたのが清朝最後の皇帝溥儀《ふぎ》です。溥儀は生命の危険を感じてイギリス人家庭教師のレジナルド・ジョンストンと一緒に天津の日本国総領事館に逃げ込みました。それがそもそもの始まりです。

その後、溥儀は先祖の墓がシナ人の軍隊によって爆破されて埋葬品が略奪されていると聞いて、郷里である満洲に帰りたいと思うようになりました。ところが当時の満洲には辛亥革命以後、「自分が満洲の支配者だ」と名乗る匪賊《ひぞく》が何人も出て争っていました。日露戦争以後、日本が南満洲鉄道沿線を押さえていたため満洲の治安はよかったのですが、それが崩れてきました。日本軍が満洲の匪賊退治をしていると、溥儀が「自分が満洲の皇帝になりたい」と言い出したため、日本は彼を満洲に戻したのです。

溥儀が満洲に戻ると、それまで暴れていた自称満洲王たちは自らすすんで溥儀の配下となりました。これによって満洲は満洲国として独立したのです。満洲国は、満洲族の発祥の地において、満洲族の正統な皇帝が即位して成立した国です。大臣はすべて満洲人か清朝以来の忠義な漢人たちでした。ただし、直接的な統治を行うには人員が不足していたため、日本が統治に手を貸したのです。侵略という要素はどこにもありません。

もともと満洲という土地は、清朝の時代、シナ人を入れなかったため「封禁の地」と呼ばれていました。そのため人口密度が低く、西洋人は「ノーマンズ・ランド」と呼んでいました。そこに王道楽土《おうどうらくど》をつくるというのが満洲国のスローガンとなりました。王道楽土とは、徳治《とくち》による理想国家です。満洲国皇帝を仰いで満洲民族、漢民族、蒙古民族、朝鮮民族、日本民族が共存共栄する五族協和の国をつくろうとしたのです。

実際に満洲国ができると非常に治安がよくなり、シナ本土からも毎年百万人もの移民が流れ込みました。日本からも多くの人が移住して、移民問題を解決することができました。

だから満洲国皇帝の溥儀が日本に来たときには、日本国民から非常に歓迎されました。溥儀は昭和天皇を非常に尊敬し、天皇は溥儀に三種の神器の模造品を贈っています。

満洲国成立の過程を冷静な目で書き記した『紫禁城の黄昏』

満洲国が成立する過程を内側から見て書いた本があります。一九三四（昭和九）年に刊行され、ベストセラーになった『紫禁城の黄昏《たそがれ》』という本です。著者は溥儀と一緒に日本の総領事館に逃げ込んだイギリス人のレジナルド・ジョンストンです。この人は溥儀が一番信頼した家庭教師であるだけではありません。イギリスに帰ってからロンドン大学の東方研究所の所長にもなっていることからもわかるように、一流のシナ学者でもありました。彼は自分の教え子である溥儀が満洲国の皇帝になったことを非常に喜びました。そしてこの本を読むと、満洲国が正当なる国であることが理解できます。

この本が出版される二年前の一九三二（昭和七）年に、イギリスのリットン伯爵を団長とするリットン調査団が国際連盟から満洲国に派遣されました。満洲事変や満洲国の実態を調査するのが目的です。

彼らが調査した結果、満洲には特殊事情が多くあり、満洲事変は「一国の国境が隣接国の武装軍隊によって侵略されたという簡単な事件ではない」と断定しました。同時に満洲国はシナの「主権および行政的保全と調和する範囲内」で自治を許す、つまりシナの自治州ぐらいにしておくべきではないかとも言いました。

しかし、満洲を自治州にしたら、再び混乱が起こり、匪賊たちが暴れまわって分裂してしまうことは目に見えていました。そのため満洲国の独立を支持し、承認する立場を貫いたのです。ただし、国連はリットン調査団の調査に基づいて作成した報告書を賛成多数で承認しました。日本はこれに不服を表明し、昭和八（一九三三）年三月八日に国際連盟から脱退することになりました。

もしもジョンストンの『紫禁城の黄昏』がもう少し早く出版されていたら、日本の主張は認められたはずです。それは非常に残念なことでした。

東京裁判で日本の侵略が裁かれるとき、日本の弁護団は『紫禁城の黄昏』を史料として法廷に提出しました。ところが裁判長はそれを採択しませんでした。採択すれば日本の行動が侵略ではなかったことが明らかになり、裁判が成り立たなくなってしまうからです。

満洲国は昭和七（一九三二）年の建国から昭和二十（一九四五）年の終戦までわずか十三年の間しか存在しません。しかし、少なくとも昭和十六（一九四一）年に大東亜戦争が始まるまでの約十年間、満洲はアジアの中で最も繁栄し、最も進歩の早い土地でした。そこには王道楽土が確かに実現していたのです。

【支那事変】

満洲をめぐって勃発した支那事変とノモンハン事件

満洲国が建国された翌年（一九三三年）、ワイマール共和国のヒンデンブルク大統領によってヒトラーがドイツ国の首相に任命されました。一九三四（昭和九）年、ヒンデンブルク大統領が死去するとヒトラーは国家元首となります。ナチス・ドイツの勃興《ぼっこう》です。

ヒトラーはアウトバーン建設などの公共事業を拡大させ、世界恐慌後のドイツの経済を安定させました。その一方で、反ユダヤ主義に象徴される人種差別を先鋭化させ、社会主義者、共産主義者、自由主義者、教会関係者などが投獄、国外追放、あるいは殺害されました。また、対外的な領土拡張を行い、一九三八（昭和十三）年にはオーストリアを占領、一九三九（昭和十四）年にはポーランドへ侵攻、チェコスロバキアを併合しています。ここから第二次世界大戦が始まることになりました。

同時期の昭和十二（一九三七）年、日本と中華民国の間で支那事変が起こりました。大東亜戦争の始まりです。この支那事変にも二・二六事件が影響しているのではないかと私は考えています。つまり、中華民国にしてみれば満洲は自分の領土だと思っていたのに日本のバックアップで独立してしまって癪《しゃく》に障っていたところ、日本国内で二・二六事件が起こったのを見て、日本は軍隊が割れていて一枚岩ではないから戦争をしても勝てると思ったのではないでしょうか。

支那事変の発端となったのは七月に起こった盧溝橋《ろこうきょう》事件です。北京《ぺきん》の西南にある盧溝橋で夜間演習中の日本軍に中華民国軍（国民党軍）から銃弾が撃ち込まれたのです。ここから小競《こぜ》り合いになり、双方に死傷者が出ました。このときはすぐに一時停戦になりましたが、八月十三日、国民党軍が上海《しゃんはい》の日本人居留地に対する攻撃を始めました（第二次上海事変）。それに日本軍が応戦したことで本格的な戦争へと拡大していくのです。

支那事変は日本からも中華民国からも宣戦布告が行われないまま始まったため、戦争とは言わず事変と呼んでいます。蔣介石の中華民国政権が日本に宣戦布告をするのは昭和十六（一九四一）年十二月八日の日米開戦の翌日です。つまり、それまでは支那事変が続いたということになります。

この支那事変の途中、昭和十四（一九三九）年五月から九月にかけて満洲国とモンゴル人民共和国（ソ連に次いで誕生した世界で二番目の社会主義国）の国境線をめぐって紛争が勃発しました。ノモンハン事件です。このときは満洲とモンゴルのそれぞれの後ろ盾となった日本とソ連が大規模な戦闘を行いました。その頃は満蒙《まんもう》の国境線をめぐって何度か日ソの衝突が繰り返されていましたが、ノモンハン事件はその中で最大規模のものでした。

当時はノモンハン事件で日本軍が一方的な大敗を喫したように報じられました。しかし、ソ連が崩壊した後に見つかった史料によると、むしろ日本軍のほうが勝っていたことが明らかになりました。

事実確認を怠った陸軍の思い込みが日独伊三国同盟につながった

ノモンハン事件が起こったとき、私は小学生でした。ちょうど夏休みでしたが、篠原弘道という日本軍のエース・パイロットがソ連の飛行機を次々に撃《う》ち墜《お》として、それを自分の飛行機の脇に星印で表していたという話が伝わっていました。また、戦場の様子を従軍画家が描いた絵の中に敵の戦車が見渡す限り燃えていたため、日本軍が負けていたという感じは全くしませんでした。

ところが実際の戦場では、小松原道太郎中将率いる第二十三師団が敵軍兵力を見誤って壊滅的な打撃を受けていました。これは事実ですが、結果を見れば日本は決して弱かったわけではありませんし、損害はむしろソ連のほうが多いくらいだったのです。たとえば日本の飛行機の墜落が百五十七機だったのに対し、ソ連はなんと千二百五十二機（日本側の発表。ソ連側の発表は百四十五機、ソ連崩壊後に二百四十九機に訂正）、戦車の損害は日本が約三十両であったのに対してソ連は約四百両（装甲車両も含む）もありました。ただ、当時はソ連側の損害状況が全くわかりませんでした。陸軍も実際の数字を把握していませんでしたから、第二十三師団の損害報告を受けて日本が大敗を喫したように考えられたのです。陸軍は事実確認をしないまま「ソ連と戦うのはシナ相手に戦うのとはわけが違う」という強い思い込みにとらわれてしまいました。ちょうどその頃、ヨーロッパではドイツがソ連に侵攻して、無敵の進撃ぶりでした。これを見て陸軍はドイツ軍の強さを誇大《こだい》に評価するようになりました。自分たちが苦戦したソ連を簡単に打ち破ったので驚いたのです。

そのため日独伊三国同盟を締結するかどうかというときも、ドイツの強さを評価してドイツと組むのが得策だとする陸軍の発言力が非常に強くて、反対する海軍が押さえ込まれてしまいました。実情がわかっていれば、それほどのめり込むこともなかったのではないかと思います。

ノモンハン事件のときソ連軍の司令官だったゲオルギー・ジューコフは、後にドイツを相手にスターリングラード攻防戦で勝利し、英雄視された名将です。このジューコフが戦後、記者からインタビューされたとき、数多く戦った中で一番苦しかったのはノモンハンであったと答えています。これは日本の名誉のためにも書き留めておかないといけません。

同時に、ノモンハン事件は相手の損害を見ずに自分たちの損害だけ見て判断すると間違うことになるという教訓を残しました。この判断の誤りが日本の運命を変えたのです。

【近衛内閣】

昭和史最大の謎、近衛内閣はなぜ支那事変を継続したのか

支那事変について今から考えても非常に不思議な出来事がありました。

第二次上海事変の後、南京攻略戦を開始します。このとき在中ドイツ大使のトラウトマンから和平条約の提案がありました。これに日本の陸軍参謀本部は賛成し、多田駿《はやお》参謀次長などは涙を流して和平の受け入れを近衛文麿《このえふみまろ》首相に頼んでいます。

当時の陸軍参謀総長は閑院宮載仁《かんいんのみやことひと》親王でしたから、多田参謀次長は実質的な陸軍のトップです。そのトップが和平に賛成していたのですから、停戦の実現は可能だったはずです。ところが、なぜか近衛首相は「爾後《じご》国民政府を対手《たいしゅ》とせず」という「近衛声明」を出して戦いの続行を選択しました。近衛内閣は当初、シナ大陸での戦争の不拡大方針をとっていましたから、実に不思議な話です。

これは昭和史最大の謎と言っていいと思います。その理由はわかりませんが一つの仮説を述べるとすれば、戦争の続行の裏にはソ連のスターリンからの指示があったのではないかと思うのです。というのも、近衛首相のブレーンの中にはゾルゲ事件（日本国内で諜報活動を行っていたソ連のスパイが一九四一年から一九四二年にかけて摘発された事件）に連座

して逮捕され、死刑になった元朝日新聞記者の尾崎秀実《おざきほつみ》を始めとする左翼がたくさん含まれていたからです。左翼はソ連のスターリンから日本軍をシナとの戦いで消耗させるようにという指示を受けていたのです。

朝日新聞は支那事変のとき「暴支膺懲《ようちょう》」（暴虐なシナを懲らしめろ）という帝国陸軍のスローガンを掲げて「蔣介石をやっつけろ」という激烈な論調の記事を掲載していました。あたかも愛国的な右翼のようですが、その裏にもスターリンの命令があったのではないかと考えられます。ただし、真実は闇の中です。なんらかの答えを知っていたはずの近衛首相は東京裁判に出廷する前に服毒《ふくどく》自殺してしまったからです。

近衛文麿は三度首相になり、その都度、大きな失敗をしています。第一次近衛内閣（昭和十二年六月から昭和十四年一月）のときの失敗は、支那事変を止めることができたのにしなかったことです。第二次近衛内閣（昭和十五年七月から昭和十六年七月）の失敗は日独伊三国同盟を結んでしまったことでしょう。そして第三次近衛内閣（昭和十六年七月から十月）の失敗は日本軍を南部仏印《ふついん》に進駐《しんちゅう》させアメリカの反発を買い、さらにその後の対米交渉を途中で投げ出して辞職してしまったことです。

なぜそうした失敗を繰り返してしまったのか、その背景に何があったのかは今後も検討する余地があると思います。

【南京事件】

南京大虐殺があり得なかったと考えられるこれだけの理由

蔣介石の国民党軍との上海での戦闘で日本側は約四万人の犠牲を出しましたが、柳川平助《やながわへいすけ》中将が指揮する陸軍の第十軍が上海背後に位置する杭州《こうしゅう》湾に上陸したことで国民党軍は総崩れになり、首都の南京に後退しました。それを追撃する形で日本軍は南京に向かい、南京城（南京は城壁に囲まれた都市だった）の占領を目指しました。これを見た蔣介石ら南京国民政府の首脳陣は、市民を置き去りにして奥地の武漢《ぶかん》に脱出しました。

一方、日本軍は南京城を包囲してもすぐには攻撃せず、籠城している国民党軍に投降を勧告しました。しかし勧告は拒否され、戦闘が始まりました。この南京攻略戦の前、松井石根《いわね》大将は「南京城攻略要領」を出し、全軍に軍規を徹底的に守ることを通達しました。当時の国際社会は日中の戦争に注目して、シナ大陸に多数のジャーナリストを送り込んでいました。彼らは決して親日的ではありませんでしたから、日本軍が問題行動を起こせばすぐに報道され、日本の評判はさらに落ちてしまうと松井大将は考えたのです。

南京攻略戦は昭和十二（一九三七）年十二月十日に始まりました。国民党軍は激しく抵抗しましたが、南京防衛を担った唐生智《とうせいち》将軍が兵士を残して南京から脱出してしまうと残された兵は戦意を喪失し、その結果、日本軍は十三日に城内に入り、十七日に正式に入城式が行われました。

このようにして南京攻略戦はあっけなく終了したのですが、第二次大戦後に開かれた東京裁判の法廷で、突如として検事団が南京で大虐殺が行われたという主張をしました。南京占領後六週間で日本軍が二十万から三十万人の市民・捕虜を殺したというのです。これはほとんどの日本人にとって寝耳《ねみみ》に水の話でした。しかし、敗戦後、戦時中の大本営発表のでたらめさが知れ渡っていたため、「こういうことがあってもおかしくない」と信じ込んでしまいました。実は私もその一人でした。

しかし、時が経ち、冷静に物事を吟味できるようになると、この「南京大虐殺」には不審な点が多すぎると思うようになりました。まずおかしいと思ったのは、仮に大虐殺が行われていたとしたら、なぜ多くの日本人はそれを知らなかったのか、ということです。可能性としては、徹底した報道管制《かんせい》が敷かれていた、あるいは日本軍が虐殺の現場を隠して誰にも見せなかったことが考えられます。

戦時中、確かに報道管制は敷かれましたが、南京攻略戦の頃はまだ自由な戦争報道が行われていました。事実、日本軍の南京入城には外国人ジャーナリストを含む百人以上の記者やカメラマンが同行していました。また、大宅壮一《おおやそういち》、西條八十《やそ》、林芙美子《ふみこ》といった日本人ジャーナリストや作家が陥落直後の南京を訪れて見聞記を書いています。

しかし、戦中のみならず戦後もこれらの人々が大虐殺について本を書いたり証言したという事実はありません。南京城内の面積は東京の世田谷区より小さいくらいですから、そこで十万人を超える虐殺が行われたとすれば隠しおおせるものではないでしょう。また当時、国際社会で南京大虐殺が問題になったこともありません。そんなことが行われていたら、日本に批判的な外国人が真っ先に報道したはずです。当時の南京には数多くの欧米人がいましたし、中国には海外の通信社や新聞社の特派員が多数駐在していたのです。

以前、アメリカの『タイム』誌の戦前のバックナンバーをすべて調べたことがありますが、そこには日本軍が南京で万単位の虐殺をしたという話は一切書かれていませんでした。それどころか、日本軍の占領政策を褒めているくらいでした。

何しろ、被害者であるはずの中華民国政府の代表さえ、国際連盟の議場で「南京虐殺」のことを取り上げていないのです。米英仏などの国から日本に公式に抗議が寄せられたということもありません。

ただ、公平を期すために記しておくと、イギリスの『マンチェスター・ガーディアン』紙の特派員ハロルド・ティンパーリというオーストラリア人記者が、南京陥落の半年後、『外国人の見た日本軍の暴行』という本を書きました。ただし、この記者は一度も南京に行かずに伝聞証拠によってこの本を書いています。しかも、彼は中国政府に雇われて反日プロパガンダ（宣伝）としてこの本を出したことが今では明らかになっています。

もう一つ考えてみなくてはならないのは、仮に二十万から三十万人の虐殺行為があったとすれば、いったい誰がそれを命じ、どのように行ったかということです。

八万人強の死者を出した昭和二十（一九四五）年三月十日の東京大空襲では三百機のB29爆撃機が一千七百八十三トンの焼夷弾を投下しました。広島・長崎の原爆投下による死者数はおよそ二十万人と言われています。この数字を見ればわかるように、狭い地域で二十万人以上もの人を殺害しようとすれば、事前に入念な準備をして、そのための設備も用意しなければなりません。ところが現実を見ると、前述のように松井大将は全軍に軍規の徹底を呼びかけていますし、当時の日本軍の経済的事情からすると住民を二十万人も殺せるほどの弾丸の余裕などあるはずがなかったのです。

だからといって、すべての兵士が松井大将の軍令に従ったと言うつもりはありません。どんな集団でも不心得者はいるのです。それは南京入城式の十日後に次のような通達文が出されたことからも明らかです。

「南京デ日本軍ノ不法行為ガアルトノ噂ダガ、入城式ノトキニモ注意シタゴトク、日本軍ノ面目ノタメニ断ジテ左様ナコトアッテハナラヌ。コトニ朝香宮（朝香宮鳩彦《やすひこ》親王）ガ司令官デアラレルカラ、イツソウ軍規風紀ヲ厳重ニシ、モシ不心得者ガアツタナラ厳重ニ処断シ、マタ被害者ニタイシテハ賠償マタハ現物返還ノ措置ヲ講ゼラレヨ」

この文章は確かに日本軍に不法行為があったことを示していますが、「モシ不心得者ガアツタナラ厳重ニ処断シ」という表現は、ごく一部の兵士が不法行為を働いているという噂が松井大将のところに届いていたことをうかがわせます。同時に「被害者ニタイシテハ賠償マタハ現物返還ノ措置ヲ講ゼラレヨ」という言葉から、その不法行為として問題にされているのは略奪行為なのではないかと推察できます。少なくともこの文面からは大虐殺が行われているというような緊迫した空気は伝わってきません。

最も私が不審に思うのは、仮に大虐殺があったとしたら、殺された二十万か三十万の人たちはどこにいたのかという点です。南京陥落前後、推定二十万人の一般市民がいたことが南京の安全区を管理していた国際安全委員会の発表から明らかになっています。一方、国民党軍の南京守備隊の数は公文書によると五万人となっています。つまり、日本軍が南京に迫る前の南京の人口は多く見積もっても二十五万人ということになります。ですから、東京裁判の検事団が主張している虐殺の数字は、南京にいたすべての人間を殺害したと言っているのに等しいのです。この数字を見ても、十万人単位の虐殺が起こり得なかったことは容易に理解できます。

さらに重要なのは、陥落から日が経つにつれ、南京の人口が増えているという事実です。陥落から一か月後に安全委員会の発表した南京の人口は二十五万人となっています。すなわち五万人近くも増えているのです。これは南京の治安が回復したのを見て、郊外に避難していた人が帰ってきたということを意味しているのではないでしょうか。当時の新聞報道では、陥落後の復興は急ピッチで行われ、三週間経った正月には電気や水道も回復していたそうです。それどころか、落城から数日後には銭荘《せんそう》という両替屋まで開店していたというのです。東京裁判では虐殺は数週間にわたって続いたというのですが、それならばなぜ南京に市民が戻ってきているのかも理解に苦しむところです。

このようなことを考えると、東京裁判で主張されたような大虐殺が実際に行われたとはとても思えません。それではなぜそんな噂が立ったのでしょうか。いくつかの理由が考えられます。一つは中国兵が集団で行った不法行為が日本兵のせいにされた。二つ目は、正規の戦闘で死んだ中国兵を虐殺されたものとして数えた。三つ目は、いったん投降した中国兵が不穏《ふおん》な動きを見せたので殺害した。四つ目は、一般市民に変装したゲリラ（これを便衣《べんい》隊という）の殺害を一般市民の虐殺と目撃者が誤解した。こうした可能性がないとは言えません。それにしても、十万を越える虐殺が行われたとは考えにくいというのが私の見方です。

【ハル・ノート】

東条英機の和平交渉とアメリカの最後通牒

第三次近衛内閣のときにいよいよ石油の輸入が止められ、日本は追い詰められました。対米外交のやり方をめぐって陸軍と海軍の方針が異なり、交渉自体もうまく進みませんでした。その結果、近衛内閣は総辞職することになりました。近衛は後継首相に東久邇宮《ひがしくにのみや》稔彦王《なるひこおう》を考えていましたが、木戸幸一内大臣（明治の元勲《げんくん》木戸孝允《たかよし》の孫）が反対して、独断で近衛内閣の陸軍大臣だった東条英機《ひでき》を推薦し、昭和天皇の承諾を得てしまいました。

木戸が東条英機を推薦した理由は今から見ると非常によくわかります。東条は二・二六事件のときに満洲の関東軍にいました。そのとき、事件の知らせを受けて混乱する関東軍をしっかり抑えました。その後も東条は陸軍をうまく統制しました。それを見ていた木戸は対米開戦に前のめりになっている陸軍を抑えるには東条が最適だろうと考えたのです。

昭和天皇も東条が天皇に対して絶対的な忠義を尽くす人間であると知っていたため、木戸の推挙《すいきょ》を受け入れたのです。昭和天皇は最後まで東条英機がお好きだったようです。

東条は首相になって天皇にお目にかかったとき、アメリカとの和平交渉を進めるように託されました。天皇のお言葉を聞いた東条は「大御心は平和にあるぞ」と叫びながら帰ったといわれています。それで一所懸命和平交渉をするのですが、アメリカのルーズベルト大統領はすでに日本との戦争を決めていましたから、交渉は全く進みませんでした。そして最後通牒《つうちょう》にあたるハル・ノートを突きつけてきたのです。

ハル・ノートは外交常識で言えば国交断絶あるいは宣戦布告に相当するものと考えられます。しかし、なぜか日本政府はハル・ノートを一般に公開しませんでした。もし世界にハル・ノートの内容を示していれば、アメリカがどれだけ無茶な要求をしているかがわかったはずです。なぜそれをしなかったのか、それも謎です。ハル・ノートが出るまでは東条内閣の閣僚の中に「アメリカと戦争をすべし」と言った人は一人もいませんでしたが、ハル・ノートを見て、全員が対米戦争もやむを得ないと諦めたそうです。

ハル・ノートというのは、アメリカ国務長官のコーデル・ハルの名前をとったものですが、作成したのは国務省極東部です。そこに財務省のハリー・ホワイトという後にソ連のスパイ容疑がかけられた男が関与していたともいわれます。ホワイトはコミンテルン（各国の共産主義政党による国際組織）にかかわり、スターリンの命令に従って活動していました。ホワイトの書いた原案を読んだルーズベルトは「これで日本と戦争ができる」と喜んだそうです。つまりハル・ノートは最初から無理難題を日本に吹きかけて戦争に誘い込むために作られたものだったのです。

【歴史のイフ】

日本が対米戦争に負けなかったかもしれない三つの可能性

日米交渉は決裂し、日本時間の昭和十六（一九四一）年十二月八日未明、日本軍はハワイのオアフ島にある真珠湾にいたアメリカ海軍太平洋艦隊及びその基地への攻撃を仕掛けます。これが真珠湾攻撃です。

真珠湾攻撃が日本にとって残念だったのは、結果的にアメリカに宣戦布告をする前の奇襲攻撃になってしまったことです。当然日本はアメリカに国交断絶書を渡して正式に宣戦布告をしてから攻撃する予定でした。ところが外務省の出先機関が日本本国から暗号化して送られた文書の解読に手間取り、予定時刻を過ぎて国交断絶書を渡すことになってしまったのです。しかも当初は国交断絶書を午後一時に渡す予定でアメリカ側に予約をとっていたのに、勝手に二時に時間変更をしてしまいました。その一時間の間に真珠湾に最初の爆弾が落ちたというわけです。

外交交渉中に爆弾を落としたため、日本は非常に卑怯《ひきょう》な行為をすると非難されました。これは日本のイメージを大きく損ないました。同時に「リメンバー・パールハーバー」がアメリカ人の合い言葉となり、彼らの戦闘意欲を掻《か》き立てることになりました。予定通りに国交断絶書を渡していればごく普通の戦争の始まり方ですから、アメリカで真珠湾攻撃が問題にされることもなかったのです。

アメリカとの戦争中に起こった一つひとつの戦いについてはここでは述べません。ただ、勝ったとは言わないまでもドロー（引き分け）・ゲームに持っていけたかもしれないというチャンスが日本には三回ありました。それについて触れてみたいと思います。

一回目のチャンスは真珠湾攻撃のときです。日本は軍艦を沈めて飛行機を破壊しましたが、石油タンクと海軍工廠も爆撃すべきでした。アメリカは太平洋艦隊を動かすために何年もかけてハワイに石油を備蓄していました。それを爆破されると少なくとも半年は動きがとれなかったとアメリカ海軍の司令官であったニミッツ提督が回顧録《かいころく》に書いています。

真珠湾にはアメリカの航空母艦《ぼかん》はいませんでしたが、石油タンクを爆破しておけば航空母艦がハワイに戻って来てもすぐには出てこれなかったはずです。そうするとドーリットル空襲という、航空母艦から飛び立った爆撃機による日本本土への空襲もなかったことになりますし、米軍の軍事拠点であったミッドウェー島攻略を慌てて試みる必要もなかったのです。あのとき第一航空艦隊の南雲忠一《なぐもちゅういち》司令長官が第三次攻撃をやっていれば、ひょっとしたらドロー・ゲームになっていた可能性がありました。

二回目のチャンスがあったのは、一九四二（昭和十七）年六月五日から七日にかけて行われたミッドウェー海戦です。このときもまた機動部隊司令長官南雲中将の判断ミスで航空母艦四隻を失いました。これによって戦いの流れが一変してしまいました。正しい状況判断ができていれば、日本の航空艦隊は無敵でしたから先手をとれたはずです。

もしもミッドウェーの海戦で日本が勝っていれば、日本はアメリカ西海岸まで行ってアメリカ本土を砲撃し、上陸できたかもしれません。アメリカにとっては西海岸の守備が緊急の問題となり、陸軍は西海岸に集まらなくてはなりません。すると北アフリカでドイツのロンメル将軍と戦っていたイギリス軍を助けに行く余裕はなかったはずです。スエズ運河はドイツ軍の手に落ちて、そこで日本軍とドイツ軍が手を握っていたかもしれません。ヨーロッパがヒトラーに制圧されれば、アメリカは日本やドイツと講和するしかなかったでしょう。これは私の想像ではなく、アメリカの歴史作家ハーマン・ウォークの意見です。

使いどころを見誤って役に立たなかった戦艦大和と武蔵

三回目のチャンスは、一九四二（昭和十七）年から一九四四（昭和十九）年にかけてガダルカナル島やブーゲンビル島などの南洋諸島で行われたソロモン諸島の戦いです。このときなぜ戦艦大和や武蔵《むさし》を出さなかったのか。アメリカの潜水艦の魚雷《ぎょらい》を恐れたともいわれますが、この頃はまだアメリカには武蔵や大和を沈めるほどの魚雷は開発されていませんでした。だから、もしもソロモン沖に大和と武蔵を出撃させていたら、二万人ぐらいいたアメリカ兵は全滅していたはずです。アメリカという国は兵隊が死ぬのを最も嫌いますから、和平交渉へ持ち込めた可能性があったと思うのです。

これらはあくまでも歴史のイフ（ＩＦ）ですから、実際はどうなっていたかはわかりません。しかし、勝つまではいかなかったとしてもドロー・ゲームに持ち込める可能性はあったという気がしてなりません。

その後の日本はジリ貧《ひん》で終わりました。陸軍がいくら勇敢でも海軍が潰れてしまえば武器弾薬も食糧も輸送できなくなります。武器も食糧もなければ負け戦となるよりしかたがありません。

最終的には一九四四年の六月から七月にかけて行われたサイパンの戦いに負けてアメリカに制空権《せいくうけん》を奪われ、思いのままに本土空襲が行われるようになりました。東京をはじめとする六十幾つの大都市に対する爆撃が行われ、広島・長崎に原爆が落とされて日本は降参することになりました。

《コラム7》 参謀本部の失敗

日本の敗戦の原因の一つに参謀本部の存在があげられます。日本では明治以来、秀才信仰がありました。秀才とは、いち早く外国の知識や技術をマスターして出世した人たちです。参謀本部にも秀才だけを集める部署がありました。参謀本部そのものが秀才の集まりなのですが、その中でも超秀才が集まる作戦部という部署がありました。

作戦部は戦いの計画を立てるわけですから情報が必要です。ところが情報は作戦よりも格が下なのです。本当は情報に基づいて作戦を立てるべきなのに、作戦を立ててから都合のいい情報を選んでいく——大雑把に言えばそのような傾向が見られました。

米英ソの首脳が集まってソ連の対日参戦が話し合われたヤルタ会談の内容も日本はポーランドを通じて入手していました。しかし、作戦部はその情報を無視しました。自分たちの作戦に合っていない情報だったからです。これは「地図に山が描かれていないのに実際にそこへ行ったら山があった、これは山が間違っている」と考える発想です。

このように現実を見ようとしない超秀才が集まって作戦を立てたことが、日本の敗戦に大きくかかわっているのです。

第六章

日本の底力を見せた戦後の復興

【現代】

【ポツダム宣言】

ソ連の仲介を期待したために遅れたポツダム宣言の受諾

一九四五(昭和二十)年七月二十四日にアメリカのトルーマン大統領、イギリスのチャーチル首相、中華民国の蔣介石国民政府主席による共同声明として発表されたポツダム宣言は日本に降伏を要求する宣言書で、十三か条からなっています。

このポツダム宣言が出たとき私は中学三年生でしたが、用があって市役所に行ったら「ソ連の市民はレニングラードでよく戦って偉かった」という話が出ていました。ソ連は日本にとって一番の敵でしたし、それを褒めるのはおかしな話だなと思ったのですが、どうも終戦間際《まぎわ》にソ連に仲介を頼もうとした動きがあったようです。しかし、ソ連は八月八日に日ソ不可侵条約を一方的に破棄して樺太《からふと》や千島《ちしま》などの日本領に攻め込んでくるわけですから、結局、仲介を頼むこと自体が無駄だったわけです。

ソ連の仲介に期待したためにポツダム宣言の受諾が遅れました。その結果、日本は非常に大きな被害を受けました。広島・長崎に原爆が投下されたのもポツダム宣言が発表された後です。結果から見れば、もう少し早く受け入れていれば、と悔いが残ります。

この原爆投下についてもいろいろな議論があります。なぜ日本の敗戦が決定的な状況でアメリカは原爆を落としたのか。一つには、おそらくソ連が日本に侵攻する前に主導権を握りたいという理由があったのでしょう。また、せっかく開発した新型爆弾を使ってみたいという思いもあったのではないでしょうか。

もう一つ考えられるのは、アメリカが日本を恐れていたということです。日本軍は硫黄《いおう》島《とう》や沖縄で非常に勇敢な戦いをしました。硫黄島ではアメリカ軍は圧倒的な兵力で苛烈《かれつ》な攻撃を加えましたが、日本軍は最後まで応戦し、死傷者の数は日本よりもアメリカのほうが多かったほどです。日本軍の強さを体験したアメリカは、日本本土に上陸して硫黄島や沖縄と同じような戦いになることを恐れたのではないかと思うのです。

これらの理由で、早く戦争を終わらせるためになら原爆を使ってもいいだろうという判断が下されたのでしょう。そのために民間人を殺してもいいという理屈はありません。非軍事要員の殺害は明らかな国際法違反です。しかし、勝てば官軍です。だから、今なおそういう身勝手な理論がアメリカでは行き渡っているようです。

原爆の投下で実質的に戦争は終わりました。そしてポツダム宣言も最終的には八月十四日の御前会議で昭和天皇の決断によって受けることになりました。八月十五日正午、昭和天皇による終戦の詔勅、いわゆる玉音《ぎょくおん》放送が流れ、日本は戦争に負けました。

【日本国憲法】

現在の日本国憲法が占領軍による占領基本法であるという理由

日本の降伏後、アメリカを中心とした連合国軍が占領のために入ってきました。連合国軍は当初、日本を直接統治するつもりでした。お金も軍票《ぐんぴょう》（占領軍が交付する代用紙幣《しへい》）にして、公用語も裁判も英語で行うつもりでした。それを聞いて驚いた終戦時の外務大臣重光葵《しげみつまもる》が奔走《ほんそう》して間接統治という形に変更されたのです。

間接統治になったときに天皇の地位はどうなるかという問題がありましたが、これはポツダム宣言ではっきり答えが出ていました。すなわち〝subject to〟占領軍に隷属《れいぞく》するということで、天皇の上に占領軍があることを意味しています。

占領軍は法律の改正もどんどん進めていきました。実はこれは国際法違反です。占領軍は直接占領に関係がある法律以外は変えてはいけないことになっているのです。しかし、そんなことはおかまいなしにやりました。

占領当初、連合国軍最高司令官ダグラス・マッカーサーは日本と交渉する形で占領政策を進めていきましたが、その後、アメリカ本国から日本と交渉する必要はないという命令が下りました。これによって完全に日本は占領軍に隷属させられることになりました。占領下においても日本人は日本政府の支配を受けて日本のお金を使っていましたが、実際はその上に連合国軍総司令部（ＧＨＱ）というもう一つの政府があったのです。当然、その時期に作られた法律も、すべてＧＨＱの命令によるものでした。

その法律の大本になったのが日本国憲法です。我々は今、当たり前のように憲法と呼んでいますが、その実態は占領政策基本法です。占領統治されている政府に主権はありません。憲法というのは主権の発動ですから、占領下で独自の憲法ができるわけはないのです。

そこで憲法としての体裁《ていさい》を整えるために、前文をつけてみたり、昭和天皇が貴族院本会議場での式典で勅語を下されたりしたのです。

その勅語の中で昭和天皇は、「（この憲法は）自由に表明された国民の総意によって確定された」とおっしゃっています。しかし実際は「国民の総意」などは全くありませんでした。まともな議論をすることすら許されなかったのです。

それは昭和天皇も百も承知でおられたでしょう。しかし天皇は占領軍に隷属しているのですから、そう言うしかなかったものと考えられます。占領時代に公の場で昭和天皇が発言された内容は、すべてＧＨＱの命令によって言わされたものと解釈すべきです。

また、憲法前文の中には「（日本国民は）平和を愛する諸国民の公正と信義に信頼して、われらの安全と生存を保持しようと決意した」とあります。つまり、自国の安全と生存を外国に委ねると言っているのですが、そんな国は世界中どこを探してもありません。しかし当時は皇室の継続すら危惧されていた時代ですから、こうした問題のある前文も受け入れないわけにはいかなかったのです。

昭和二十七（一九五二）年四月二十八日、日本はサンフランシスコ講和条約の発効に伴って独立を回復します。そのときに占領下で占領軍によって与えられた憲法を廃止すべきであったと思います。その後、改めて日本国民の手で新しい憲法を作ることもできたのです。

そういう手続きを怠った一つの弊害《へいがい》が皇室典範《てんぱん》の問題です。皇室典範は皇室に連綿と続いてきた家法であると伊藤博文が言っています。だから、戦前は国民の憲法と皇室の皇室典範はパラレルに存在していたのです。それが占領憲法では憲法の下に皇室典範が置かれる形になりました。天皇の退位が憲法問題となるのもそういう理由です。

日本は占領されていたのですから、自主的な憲法はできるはずがないのです。占領期間は明治憲法が停止されていた状況と考えるべきです。だから、いったん明治憲法を回復させて、明治憲法の改正手続きに従って新しい憲法を作ればよかったのです。現実的には、当時は左翼が強かったのでとても改正などできなかったかもしれません。しかし、その結果として、今も日本は占領政策基本法のもとにあることを忘れてはいけません。

ただし、現憲法およびそのもとでできた法律に悪いことばかりが書いてあるとは思いません。素人から見ても、明らかに明治憲法よりも改善されている点が二つあります。

一つは第六十八条にある「内閣総理大臣は、国務大臣を任命する」、同条第二項にある「内閣総理大臣は、任意に国務大臣を罷免《ひめん》することができる」という条項です。明治憲法には首相の権限について何も触れられていませんでした。そのため、軍部大臣現役武官制のところでお話ししたように、軍部がごねて組閣ができず、総辞職を強いられることがしばしばありました。それによって非常に政治が不安定になりました。首相の権限を明らかにすることによって、それが解消されています、これは現憲法の優れた点です。

もう一つは、第八十二条の「裁判の対審及び判決は、公開法廷でこれを行ふ」という点です。これも明治憲法にはない条項です。この条文のもと、刑法の中で刑事被告人は十分に反対尋問をする権利があると認められています。だから、訴えられた人は弁護士を通して「どうして訴えたのか」を正々堂々と問い、闘うことができます。また、そのための証人も十分に呼ぶことができます。これも優れた点であると思います。

こうした優れた点はそのまま受け継げばいいのです。極論すれば、条文はそのままでもかまわないのです。重要なのは、日本国民の手によって日本国民の憲法を作ることです。そのためには、現在の占領軍から押し付けられた憲法をいったん停止し、明治憲法の改正条項に則って新しい憲法を承認する手続きが必要であるということです。

【東京裁判】

有罪という結論ありきで行われた東京裁判とA級戦犯の真実

昭和二十一（一九四六）年五月三日から昭和二十三（一九四八）年十一月十二日にかけて日本の戦争犯罪を裁くために東京裁判（極東国際軍事裁判）が開廷《かいてい》されました。戦争が犯罪行為なのかどうかはパリ不戦条約の項目でも触れましたから、ここでは述べません。

この裁判で私が反対尋問の重要性を感じた出来事があります。それは南京事件についての質疑応答のときでした。マギーという牧師が証言に立ちました。マギーは南京市の外国人が居住する安全地区のリーダー格を務め、赤十字委員会の委員長も務めた重要人物です。この人が日本軍による多数の虐殺・強姦《ごうかん》などがあったことを証言しました。

そのとき反対尋問に立ったのがアメリカ人のブルックス弁護士でした。ブルックス弁護士はマギー牧師が日本軍による民間人殺害を証言した後に、「それでは只今のお話しにあった不法行為もしくは殺人行為というものの現行犯を、あなたご自身いくらくらいご覧になりましたか」と質問しました。これに対してマギー牧師は「ただわずか一人の事件だけは自分で目撃いたしました」と答えています。次に弁護士が「それはどういう状況でしたか？」と聞くと、「中国人に日本兵が誰何《すいか》（呼び止めて問い質すこと）すると、中国人は逃げ去り、それを日本兵は追いかけて射殺した」と証言するのです。戦時中に兵士から呼び止められて逃げれば撃たれてもしかたありません。これは虐殺とは言いません。

ブルックス弁護士の反対尋問でその事実が明らかになったことを知り、反対尋問というのは大変なものだなと思いました。

東京裁判の話をしましょう。先にもお話ししたように東京裁判はナチス・ドイツを裁いたニュルンベルク裁判に基づいて行う予定でしたが、それが不可能であるとわかったため、全権を委任されていたマッカーサーが、国際法を用いずにマッカーサー条例と言えるような独自の判断によって行いました。最初から日本を有罪と決めつけ、そのために罪を新しく作るなど、多くの問題がありました。裁判管轄《かんかつ》権がどこにあるのかさえ、最後まではっきりしないまま終わりました。戦勝国が敗戦国を裁くとはこういうことなのだという見本（もちろん悪い意味で）のような裁判でした。

東京裁判のとき、日本側の弁護団には日本人だけでなくアメリカ人弁護士も多数加わりました。彼らは当初敵国であった日本の弁護に消極的だったといわれます。しかし、さまざまな証拠資料を読んでいくうちに日本の無罪を確信したのでしょう、全員が非常に勇敢に闘ってくれました。

しかし、ＧＨＱとしてはこんな大裁判を始めた以上、なんとか締めくくりをつける必要があったのでしょう。結局、A級戦犯容疑で逮捕された百二十六名のうち七人を死刑にして東京裁判を終わりにしました。

「裁判」は受け入れないが「判決」は受け入れる

しかし、死刑となった七人あるいはA級戦犯になった人たちは、誰一人として「裁判」を受け入れていません。彼らは「判決」を受け入れただけです。これは非常に重要な点です。「判決」と「裁判」は全く意味が違うのです。

ギリシャのソクラテスは青年を堕落させたという理由で裁判にかけられ死刑判決が下されました。しかし、本人は自分が悪いことをしたとは思っていませんし、弟子たちも同じでした。それで弟子たちはソクラテスを助け出そうとしたのですが、そのときにソクラテスは「私もこの裁判を受け入れているわけではないが、判決は下った。判決から逃げたらそれは法治《ほうち》国家ではない」と言って死刑判決を受け入れて死んでいくのです。

東京裁判で死刑判決が下った人たちの場合も同じです。裁判は受け入れないけれど、判決が出た以上はしかたがないということで死刑になったのです。

それは日本国民もわかっていました。だから日本が独立を回復すると、サンフランシスコ講和条約の第十一条にある「これらの拘禁されている者を赦免《しゃめん》し、減刑し、及び仮出《しゅっ》獄《ごく》させる権限は、各事件について刑を課した一又《また》は二以上の政府の決定及び日本国の勧告に基《もとづ》く場合の外《ほか》、行使《こうし》することができない。極東国際軍事裁判所が刑を宣告した者については、この権限は、裁判所に代表者を出した政府の過半数の決定及び日本国の勧告に基く場合の外、行使することができない」という条項に基づいて、国会で戦犯をなくす決議が行われ、各国の承認を得たうえで戦犯とされた人たちの罪を赦免し、拘置所《こうちしょ》から出獄させました。

この決定により、A級戦犯終身刑となった東条内閣の大蔵大臣だった賀屋興宣《かやおきのり》は釈放《しゃくほう》されて、後の池田勇人《はやと》内閣の法務大臣になりました。また東条内閣の外務大臣であった重光葵はA級戦犯禁固七年の判決を受けていましたが、赦免されて鳩山一郎内閣の外務大臣になりました。

その後、重光は日本が国際連合に入ったときに日本を代表して国連総会で演説しました。そのときに「日本は東西の架け橋になりうる」と言って拍手喝采を受けています。国連総会から帰国して間もなく、重光は「これで自分の使命は終わった」といって亡くなります。国連総会では出席者が彼の訃報《ふほう》を聞いて、国連総会では出席者が黙禱《もくとう》を捧げました。

だからA級戦犯とされた方々はすでに許されているのです。それをいまだに問題にしているというのはおかしな話だと思います。

【朝鮮戦争】

日本の独立を後押しした共産主義国への認識の変化

戦後、連合国軍は短くて二十五年、長ければ五十年ぐらい日本を占領する予定でした。そして日本を農業国か軽工業国にして、二度とアメリカに歯向かえないようにするつもりだったのです。

これについて私はこんな体験をしています。新制高校三年のとき私は理科コースに在籍していました。ある日の授業で物理の先生がこんな話をされました。

「これからの理科はつまらないぞ。これからの物理学の一番の芯は核物理だが、核研究はもうできないぞ。理化学研究所のサイクロトロン（加速器）はＧＨＱの命令で外されて破壊され、東京湾に沈められてしまった。また工学の芯は飛行機だが、飛行機を製造することも禁止されてしまった。これからの日本は農業国になるか、物を作るとしてもせいぜい自転車までで、それを東南アジアに輸出する程度のことしかできないだろう」

それを聞いた理科コースにいた多くの生徒が文科に転科しました。私もたまたま素晴らしい英語の先生と出会ったこともあり、これ幸いと文科に移ったのです。戦後間もない頃はそういう雰囲気で、未来に対する展望が全く開けない状態でした。

そんなときに朝鮮戦争が起こりました。先にも触れましたが、朝鮮半島は日本が引き揚げた後、三十八度線を境にしてソ連とアメリカが半分に分けて統治していました。そして韓国はアメリカから、北朝鮮はソ連から独立したのです。

ところが一九五〇（昭和二十五）年六月、中国共産党の毛沢東《もうたくとう》とソ連の援助を得た北朝鮮が三十八度線を越えて韓国に攻めてきて、あっという間にソウルを陥落させ、釜山《プサン》近くまで侵攻したのです。それに対してマッカーサーが指揮する連合国軍が朝鮮半島を北上して北朝鮮軍を満洲の境まで追っ払いました。

そのときにマッカーサーは日本がなぜ朝鮮半島や満洲の統治にこだわったのか、その理由に初めて気づきました。朝鮮半島と満洲がソ連の手に落ちればユーラシア大陸の東はすべて共産主義国になってしまう、東京裁判では日本を有罪にしたけれど日本が悪いわけではなかったのだと身にしみて知るのです。

この現実を知って、何十年間も日本を占領するつもりであった連合国軍は東京裁判が終わって三年もたたない昭和二十六（一九五一）年九月八日に日本とサンフランシスコ講和条約を結びます。そして、昭和二十七（一九五二）年四月二十八日に発効して、日本は独立を回復することになったのです。

【マッカーサー証言】

「日本の戦争は自衛のためだった」と認めたマッカーサー

マッカーサーは朝鮮戦争の途中にアメリカに召喚されました。そして一九五一（昭和二十六）年五月三日にアメリカ上院の軍事外交合同委員会で証言をするのです。アメリカの上院は日本の参議院とは違って各州の代表が二人ずつ集まっていて、一つの州だけではなくアメリカ全体にわたるテーマを議論する場です。

そこでマッカーサーは日本の戦争が自衛のためだったと次のように証言しました。

「日本は絹産業以外には、固有の天然資源はほとんど何もない。彼らには綿がない、羊毛がない、石油製品がない、錫《すず》がない、ゴムがない、その他にも多くの資源が不足していた。それら一切のものがアジアの海域に存在していたのである。もし、これらの原料の供給を断ち切られたら、一千万から一千二百万の失業者が発生するであろうことを日本人は恐れていた。したがって、彼らが戦争を始めた動機は、その大部分が安全保障の必要に迫られてのことだったのだ」

主旨から言えば、東条首相が東京裁判の最終弁論書で述べているのと同じことです。この証言は非公開でなされたわけではなくて、『ニューヨークタイムズ』にも掲載されています。ただ日本では全く報道されませんでした。

今にして思うのですが、日本の新聞社もこの証言については知っていたのです。たとえば朝日新聞縮刷版《しゅくさつばん》にはマッカーサー証言が載っています。ただ、先に示した「したがって、彼らが戦争を始めた動機は、その大部分が安全保障の必要に迫られてのことだったのだ」という肝心な部分が抜け落ちているのです。

当時はまだ占領下だったから載せられなかったという弁解はできるかもしれません。しかし、この一年後には独立しているのですから、そのときに真っ先に教えるべきでした。

その頃に詠まれた戦争で夫を失った未亡人の歌があります。

「かくばかり卑しき国になりたれば　捧げし人のただに惜しまる」

この未亡人は「この戦争の植民地解放と救国のための聖戦である」と言われて自分の夫を国に捧げたのです。ところが、戦争に負けたら進駐軍に媚《こ》びへつらい、日本の悪口を言う日本人が出てきたわけです。日本がこんなに卑しい国になるなら、そんな国に愛しい夫を捧げるのではなかったと泣いているのです。

悲しんでいたのは夫を捧げた未亡人だけではありません。息子を捧げた人もいますし、父親や兄弟を捧げた人もいます。その人たちは昭和二十七年にはまだ大半が健在だったでしょう。このマッカーサー証言によって日本の戦争が自衛戦争であったと知ったら、どれだけ慰められただろうかと思います。

連合国軍上層部から裏切られたマッカーサー

では、マッカーサーはなぜそんな証言をしたのでしょう。おそらくマッカーサーは裏切られたと思ったのではないでしょうか。

敗戦直前のアメリカ軍の強さは大変なものでした。千もの軍艦を派遣し、何千という飛行機を飛ばして日本を押し潰したのです。その強いアメリカ軍が朝鮮戦争では鉄砲しか持っていないような毛沢東の軍勢に苦戦しました。これは非常に不思議なことだと私は思っていました。

しかし、だんだんその答えがわかってきたように思います。朝鮮戦争のとき、アメリカは連合国軍の一員として戦いましたから、連合国軍上層部の命令を聞かなくてはなりませんでした。マッカーサーはその連合国軍本部に対し、爆撃の要請をしました。毛沢東が何百万人の人海戦術を使うとしても、橋や港を爆撃すれば身動きが取れなかったはずです。援助していたソ連の飛行場が満洲にありましたが、それも爆撃すればよかったのです。

ところがマッカーサーの要請は拒否されました。第三次世界大戦を引き起こさないためにという口実《こうじつ》があったわけですが、現実には毛沢東の軍隊に第三次世界大戦を引き起こすほどの力があったとは思えません。ろくな武器も持たず、ひたすら人海戦術で、「殺されても殺されても前に進め。止まると後ろから撃つぞ」というような乱暴な戦争だったのです。

だから、主な橋と港だけでも爆撃させれば毛沢東は何もできなかったはずですが、連合国軍上層部はそれをさせませんでした。それだけでなく、必要な武器弾薬すら供給しなかったのです。したがって、マッカーサーは部下が死ぬのを指をくわえて見ているしかありませんでした。

こんな馬鹿げた話はありません。そのときマッカーサーは「裏切られた」と考えたと思います。だからマッカーサー証言とは、彼の反乱だったと思うのです。

では、マッカーサーは誰に対して反乱を起こしたのでしょうか？　これは全くの推測ですが、おそらく共産勢力を潰したくないと考える人たちが連合国軍の上層部にいたということなのだと思います。当時はまだ共産主義に幻想を抱く人たちがたくさんいましたから、考えられない話ではありません。また、そうとでも考えなければマッカーサーが朝鮮戦争で勝てなかった説明がつきません。

【サンフランシスコ講和条約】

外務省の第十一条解釈変更が生んだ靖国問題

サンフランシスコ講和条約は日本をあまり敵視しない、むしろ友好的な条約でした。ただし、ヤルタ会談で千島列島をソ連に引き渡すという秘密の取り決めが交わされていたため、千島をソ連に取られてしまいました。それは連合国とソ連の間の約束だからしかたなかったかもしれません。全体としては非常に友好的な関係のもとで日本は独立を回復することができました。

ただし、その後、サンフランシスコ講和条約の第十一条前半の解釈が問題になりました。それは英文では次のように書かれています。

"Japan accepts the judgments of the International Military Tribunal for the Far East and of other Allied War Crimes Courts both within and outside Japan, and will carry out the sentences imposed thereby upon Japanese nationals imprisoned in Japan."

ここにある"accepts the judgments"を当時の日本人は「諸判決を受諾する」と理解し

ていました。〝judgments〟と複数になっているからです。ところがいつの間にか、外務省は「裁判を受諾する」と解釈するようになるのです。先にもいったように「判決」と「裁判」は全く違います。裁判は受け入れないけれど判決は受け入れる、というのは現実にありうることです。したがって、「判決」を「裁判」と解釈変更をしたというのは重大な問題なのです。

昭和六十（一九八五）年十一月頃、中曾根康弘《なかそねやすひろ》内閣のときに、社会党の土井たか子が衆議院で「侵略戦争をどう考えるか」と質問をしたことがありました。そのとき外務省のある外務委員は「日本は東京裁判で中国に対して有罪とされていますので、そのように理解してください」という趣旨の答弁をしました。中曾根総理も外務省がそう言うのならそれで間違いないだろうと思ったのでしょう。中国の反対によって靖國神社の参拝を取り止めてしまいました。それが現在までずっと引き継がれることになったのです。

本来、宗教の問題に他国が口をさしはさむのは避けるべきです。靖國参拝はまさに宗教の問題なのですが、それを政治問題化してしまったことは中曾根総理の失敗と言うべきでしょう。最近は少しずつ風向きが変わってきましたが、外務省が「日本は中国に悪いことをした」という趣旨の答弁をするというのは情けない話です。

【日韓基本条約】

日本の援助で実現した韓国の「漢江の奇跡」

昭和四十（一九六五）年、日本は韓国との間に日韓基本条約を結びました。当時の韓国は朝鮮戦争で国土が荒廃し、一人当たりのGNPはアフリカ諸国と並び世界の最貧国に位置づけられるほどでした。この惨憺《さんたん》たる状況を解決しようと立ち上がったのが朴正熙《パクチョンヒ》大統領（朴槿恵《クネ》大統領の父親）でした。

朴大統領は日本人のつくった小学校で学び、日本人教師のすすめで授業料の必要のない師範《しはん》学校で学びました。師範学校を卒業後、教師になりましたが、軍人になることを志し、満洲国軍軍官学校に入りました。そこで優秀な成績を残し、卒業後に日本の陸軍士官学校に編入して学びました。そのため日本近代史を熟知していて、日本が韓国を併合するに至った歴史も、その統治の実態もよく理解していました。

一九六三（昭和三十八）年に韓国の大統領となった朴正熙は、一九七九（昭和五十四）年に暗殺されるまで、韓国の復興に尽力しました。その手本として日本の明治維新を念頭に置き、「維新体制」をスローガンに掲げました。韓国を困窮から救い、立て直すには、日本に学び、日本に倣うのが一番の近道だと考えたのです。同時に、日本の経済援助と技術援助が絶対に必要だと考えました。

　こうして議論の末に日韓基本条約が締結されることになったのです。この条約には、日韓間の過去の問題はすべて決着したものとして蒸し返さないことが明記されました。それを受けて日本は経済・技術協力を約束し、当時のお金で無償供与三億ドル、政府借款二億ドルが韓国に対して支払われました。一ドル三百六十円の時代ですから莫大な金額です。

　日本の経済協力によって、韓国は「漢江《ハンガン》の奇跡」と呼ばれる急激な復興を果たしました。現在の韓国は世界の先進国の仲間入りするまでに成長発展していますが、これは日韓基本条約と、それに伴う日本の経済・技術援助なしには決してあり得なかったことです。

　一方、朝鮮戦争後に共産圏に組み込まれた北朝鮮とは、いまだ国交が回復していません。一九七〇年から八〇年代にかけて多数の日本人を拉致《らち》していたことが判明し、平成十四（二〇〇二）年九月に平壌《ピョンヤン》で行われた日朝首脳会談で北朝鮮の金正日《キムジョンイル》総書記は拉致の事実を認めて、五人の拉致被害者の方たちの帰国が実現しました。平成十六年にはその家族が帰国しましたが、まだ所在不明の多くの拉致被害者が残されていると考えられています。

　近年は国際社会の警告や非難を無視して弾道ミサイルの開発や核実験を行うなど、孤立の度合いを深めています。東アジアの安定をはかるために北朝鮮の核開発を中止させることは非常に差し迫った課題となっています。

【エネルギー問題】

今も昔も〝エネルギー〟が日本の生命線を握っている

昭和二十七（一九五二）年に独立を回復して、今日までいろいろな出来事がありました。昭和三十年代になると、日本は高度成長時代に入ります。

このとき日本はエネルギーさえ十分にあれば素晴らしい工業国になることを世界に証明しました。戦前の日本は石油を止められて行き詰まり、戦争へ突入していきました。戦前はアメリカのカリフォルニア油田《ゆでん》から採掘《さいくつ》される石油が一番いい石油とされていて、オクタン価（ノッキングの起こりにくさを示す数値）１００の最高値を誇っていました。ところが戦後になると中近東の砂漠地帯で良質の石油がどんどん出るようになったため、タダ同然の価格で石油が入ってくるようになりました。

外国から入ってくる資源を無駄なく使うため、日本は臨海工業地帯をつくりました。石油だけでなく、鉄でも石炭でもタンカーで港に運んで来《き》て、港に隣接してつくった工場群で使えるようにしたのです。これは実に合理的で有効なやり方でした。

たとえばアメリカの大きな鉄鋼会社は石炭を使っていましたから炭鉱から製鉄所まで石炭を運ばなくてはなりませんでした。しかし、十トンの貨物車を百台集めても一度に千トンしか運べません。ところがタンカーで輸送するとなると、五万トンでも十万トンでも一度に運べるのです。臨海工業地帯というのは日本の発明と言っていいでしょう。これ以後、韓国でも中国でも、ヨーロッパまでも港に隣接して工場をつくるようになりました。

日本には欧米と戦争をするくらいの技術力がありましたから、エネルギーが自由に使えるようになるとあっという間に復興して、アメリカに次ぐGNPの国になったのです。ところが、OPEC（石油輸出国機構）が石油価格や産出量をコントロールするようになると、一九七〇年代にオイルショックというエネルギー問題に直面しました。これがきっかけとなって、石油から原子力発電にエネルギー源を切り替えるようになりました。その結果、一時は原発によって総発電力の三割程度がまかなわれていたのです。

平成二十三（二〇一一）年三月十一日の東日本大震災のときに起こった福島第一原子力発電所の事故によって、原発に反対する意見も出ています。あの事故によって生まれ故郷から離れることを強いられ、今も避難生活している方たちが多数おられます。そういう事故のリスクを考えれば、原発はやめたほうがいいという意見が出るのもわからないではありません。

もしも原発に代わって安定的に供給できる安全でクリーンなエネルギーがあるのであれば、それが一番いいのです。実際、太陽光、風力、地熱、バイオなどの新エネルギーを開発しようという動きも続いています。しかし、現状ではまだ、これというものが見つかっていません。

新しいエネルギーが確立されるまで原発を止めるというのは現実的に難しいことです。かといって、石炭や石油といった化石燃料はすべて輸入に頼ることになりますから、貿易赤字を増大させるだけです。同時に、地球温暖化の問題がつきまといます。原発でなくてはならないとは言いませんが、現状を考えると原発を稼働《かどう》させることがベターな選択と言わざるを得ないのです。

一言付け加えておくと、福島第一原発は地震によって壊れたわけではありません。想定外の高さの津波が来て浸水し、全電源が失われたことが事故の第一の原因となりました。そのため、その後は全国の原子力発電所で津波・浸水対策がとられ、同時に地下活断層《かつだんそう》の調査が行われて、同じような事故が起こらないように万全を期すようになっています。

エネルギー問題が日本の生命線を握っていることは昔も今も変わりません。エネルギー問題さえ解決できれば、日本は本当に安全な国と言っていいのです。軍事や外交の問題も、あるいは食糧の問題もエネルギー問題と密接にかかわっています。皆さんにはそういう多角的な視点を持って原発問題を考えてみてもらいたいと思います。

あとがき

このたび思いがけず若い人たちのために日本通史を書く機会を与えられました。歴史の書き方にはいろいろあるということは本文で述べていますのでここでは繰り返しませんが、やはり虹として見るという見方が一番重要だと思います。

そのような虹を見るために、私は本書を書くにあたって日本史の参考書を積み上げて詳しく調べて書くというやり方をわざと避けました。そして、日本史の中で私が重要だと考えている出来事を——言い方を変えれば、私が日本の歴史に見た虹を——参考文献に頼ることなく一気に語りました。しかも、若い人が読者になるということなので、極力わかりやすく語ったつもりです。

ですから、この本を読んでいただければ、私という人間が日本史をどのように捉えているか、どのようにイメージしているか、日本と他の国にはどのような違いがあると考えているのかがよくわかっていただけると思います。

どこの国でもそれぞれに、国民は自分の国を誇りに思っていることでしょう。同時に、どこの国でもあらを探そうと思えばいっぱい出てくるものだと思います。しかし、そういうあら探しは専門家や特別興味がある人がやればいいことです。一般の人にとっては、自分の目に虹として映るような国を持てるということが何よりも幸いなことなのです。「こういう国に生まれたんだなぁ」と喜べるということが一番大事です。

そういう見方をすれば、どこの国の人でも本質的に愛国者になれると思うのですが、中でも日本は特別な国と言っていいのではないかというのが、生まれてこの方、一貫して私が抱いている感想です。

なぜそう言えるのかというと、なんと言っても日本は神話の時代からの神様の系図がすべて明らかになっており、そして神様の系図の終わりと歴史時代の支配者の始まりが地続きになっていて途絶えていない国だからです。こういう国は世界中探しても日本しかありません。

先に述べたように、この本は日本史をいちいち調べ直したりしないで私がこれまで学び理解してきたことを一気呵成《かせい》に述べたものですが、プロの歴史学者が見逃している重要な見方が方々に含まれているはずだと自信を持っていえます。難しいところはどこもないはずですので、皆さんもぜひ気軽な気持ちで読んでみてください。そして「日本はこういう国だったのか」という、皆さんの日本像を描く手助けにしていただければありがたいと思います。

本書の『少年日本史』というタイトルですが、昔、私も尊敬する平泉澄《きよし》先生という立派な歴史家が同じ題名の本を書かれています。平泉先生はプロの学者の視点から『少年日本史』を書かれましたが、その歴史観は私と同じようなものだったと聞いております。一方、私は自分が歴史学の素人《しろうと》であるという自覚を失ったことはありません。そういう立場で日本という国を見たときに、どのような輝ける虹が見えるだろうかということを常に考えてきました。そして、これこそ日本人が見るべき虹だと思ったことをこの本の中で語りました。虹を見るということについては、プロであるとか素人であるとかは関係ないと思っています。

私もすでに八十六歳です。体調はいつも必ずしもいいとは限りません。その点で本書は、皆さんが生まれるよりも少し前に生まれて、皆さんの知らない戦争も含めて日本の歩みを見てきた渡部昇一という人間が、これからの日本を支える若い人たちに向けて書いた一種の遺言とみなしていただいても結構だと思います。本書を通じて、私たちの世代が見てきた日本の輝かしい虹を若い世代の人たちが受け継いでくれることを願ってやみません。

平成二十九年四月

渡部　昇一

〈著者略歴〉

渡部昇一（わたなべ・しょういち）

昭和5年山形県生まれ。30年上智大学文学部大学院修士課程修了。ドイツ・ミュンスター大学、イギリス・オックスフォード大学留学。Dr.phil.,Dr.phil.h.c. 平成13年から上智大学名誉教授。幅広い評論活動を展開した。平成29年逝去。著書は専門書のほかに『四書五経一日一言』『渋沢栄一　人生百訓』『「名将言行録」を読む』『論語活学』『歴史に学ぶリーダーの研究』『「修養」のすすめ』『中村天風に学ぶ成功哲学』『松下幸之助　成功の秘伝75』『賢人は人生を教えてくれる』『伊藤仁斎「童子問」に学ぶ』『渡部昇一　一日一言』、共著に『子々孫々に語り継ぎたい日本の歴史1・2』『生き方の流儀』『国家の実力』（いずれも致知出版社）などがある。

渡部昇一の少年日本史

平成二十九年四月二十五日第一刷発行
令和五年十月十五日第五刷発行

著者　渡部　昇一
発行者　藤尾　秀昭
発行所　致知出版社
〒150-0001東京都渋谷区神宮前四の二十四の九
TEL（〇三）三七九六―二一一一
印刷　㈱ディグ　製本　難波製本
落丁・乱丁はお取替え致します。　（検印廃止）

ISBN978-4-8009-1142-1 C0095
ホームページ　http://www.chichi.co.jp
Eメール　books@chichi.co.jp

いつの時代にも、仕事にも人生にも真剣に取り組んでいる人はいる。
そういう人たちの心の糧になる雑誌を創ろう——

『致知』の創刊理念です。

私たちも推薦します

稲盛和夫氏　京セラ名誉会長
我が国に有力な経営誌は数々ありますが、その中でも人の心に焦点をあてた編集方針を貫いておられる『致知』は際だっています。

王　貞治氏　福岡ソフトバンクホークス取締役会長
『致知』は一貫して「人間とはかくあるべきだ」ということを説き諭してくれる。

鍵山秀三郎氏　イエローハット創業者
ひたすら美点凝視と真人発掘という高い志を貫いてきた『致知』に心から声援を送ります。

北尾吉孝氏　SBIホールディングス代表取締役執行役員社長
我々は修養によって日々進化しなければならない。その修養の一番の助けになるのが『致知』である。

渡部昇一氏　上智大学名誉教授
修養によって自分を磨き、自分を高めることが尊いことだ、また大切なことなのだ、という立場を守り、その考え方を広めようとする『致知』に心からなる敬意を捧げます。

致知出版社の人間力メルマガ（無料）　人間力メルマガ　で　検索
あなたをやる気にする言葉や、感動のエピソードが毎日届きます。